Linguaggio Del Corpo

Come Migliorare La Tua Relazione Usa Il Linguaggio Del Corpo Nascosto

(Scopri i segreti della psicologia su come leggere e capire la comunicazione non verbale)

Leo Fonti

Traduzione di Daniel Heath

© **Leo Fonti**

Todos os direitos reservados

Linguaggio Del Corpo: Come Migliorare La Tua Relazione Usa Il Linguaggio Del Corpo Nascosto (Scopri i segreti della psicologia su come leggere e capire la comunicazione non verbale)

ISBN 978-1-989808-94-8

TERMINI E CONDIZIONI

Nessuna parte di questo libro può essere trasmessa o riprodotta in alcuna forma, inclusa la forma elettronica, la stampa, le fotocopie, la scansione, la registrazione o meccanicamente senza il previo consenso scritto dell'autore. Tutte le informazioni, le idee e le linee guida sono solo a scopo educativo. Anche se l'autore ha cercato di garantire la massima accuratezza dei contenuti, tutti i lettori sono avvisati di seguire le istruzioni a proprio rischio. L'autore di questo libro non potrà essere ritenuto responsabile di eventuali danni accidentali, personali o commerciali causati da un'errata rappresentazione delle informazioni. I lettori sono incoraggiati a cercare l'aiuto di un professionista, quando necessario.

INDICE

Parte 1 1

Introduzione 2

Capitolo 1 – Cosa Implica Il Linguaggio Del Corpo? 5

Capitolo 2 – In Che Modo La Comunicazione Non Verbale Riflette Le Nostre Emozioni E I Nostri Pensieri? 16

Capitolo 3 – L'impatto Delle Differenze Culturali Sul Linguaggio Del Corpo E La Comunicazione Non Verbale 24

Capitolo 4 – I Gesti Più Comuni Utilizzati Nella Quotidianità 31

Capitolo 5 – La Stretta Di Mano, Molto Più Di Un Semplice Gesto 38

Capitolo 6 – Come Utilizzare Il Sorriso E La Risata A Vostro Vantaggio 46

Capitolo 7 – Usate Il Corpo Per Comunicare Le Informazioni Corrette 52

Capitolo 8 – Come Smascherare Una Menzogna 59

Capitolo 9 – Il Contatto Visivo E Il Linguaggio Del Corpo ... 66

Capitolo 10 – La Percezione Dello Spazio Personale 74

Conclusione 81

Parte 2 83

Introduzione Al Linguaggio Del Corpo 84

L'arte Della Menzogna 86

I Segreti Della Seduzione E Dell'attrazione Sessuale 95

I Segnali d'allarme Della Rabbia E Dell'aggressività 106

Gli Ostacoli Dell'insicurezza, L'ansia E Lo Stress 114

I Temi Della Depressione E La Tristezza 124
La Gioia Della Felicità Autentica 130
Altre Osservazioni 134
Considerazioni Finali 139

Parte 1

Introduzione

La comunicazione umana è molto più complessa di quanto immaginiamo, dato che la maggior parte delle informazioni vengono trasmesse attraverso segnali non verbali. Sfortunatamente, non siamo tutti intuitivi. Spesso non siamo in grado di cogliere tali segnali e ciò influisce sulla qualità complessiva delle nostre interazioni. È necessario del tempo per padroneggiare l'arte della comunicazione non verbale e siamo lieti di presentare questo libro che potrà aiutarvi in questa attività.

Questo libro contiene misure e strategie comprovate che vi illustreranno come utilizzare il linguaggio del corpo in modo efficace. Vi troverete anche un'ampia raccolta di istruzioni pratiche ed esercizi. In questo modo, alla fine della lettura, avrete a disposizione molti esempi concreti.

Ecco un'anteprima di ciò che troverete nel libro:

- A cosa ci riferiamo quando parliamo di linguaggio del corpo? (mimica facciale, gesti, posture, ecc...)
- La comunicazione non verbale rispecchia ciò che pensiamo o proviamo?
- In che modo le differenze culturali influenzano la comunicazione non verbale?
- I gesti comuni e il loro significato
- Analisi approfondita della stretta di mano
- Sorridere e ridere: i gesti fondamentali per un'interazione riuscita
- Come utilizzare il proprio corpo per comunicare con gli altri
- Il contatto visivo e il suo legame con il linguaggio del corpo
- Lo spazio personale e la sua importanza

Questo libro va utilizzato come linea guida nell'ambito del linguaggio del corpo e della comunicazione non verbale. Assicuratevi di leggere tutti i capitoli, godetevi l'esperienza di lettura e annotate qualunque informazione consideriate interessante.

Capitolo 1 – Cosa implica il linguaggio del corpo?

Deborah Bull: "Il linguaggio del corpo è uno strumento molto potente che esiste da prima dell'avvento della parola. In pratica, l'80% di ciò che viene compreso in una conversazione viene letto attraverso il corpo e non attraverso le parole."

Fin dai tempi antichi abbiamo utilizzato il linguaggio del corpo per comunicare e trasmettere le nostre emozioni e i nostri pensieri a coloro che ci circondano. Ogni persona possiede un linguaggio del corpo diverso, che comprende non solo le espressioni facciali, ma anche la postura e i gesti. Persino i movimenti degli occhi sono considerati parte della comunicazione non verbale, seguiti dal tatto e dall'utilizzo dello spazio personale.

Il linguaggio del corpo: un elemento essenziale della comunicazione non verbale

Come indica chiaramente la citazione precedente, l'80% della comunicazione umana è in realtà non verbale. Alcuni esperti ritengono che la percentuale possa essere anche più alta. Il linguaggio del corpo viene considerato un elemento fondamentale della comunicazione non verbale, perché viene usato a livello conscio o inconscio per interagire con le altre persone. È opinione diffusa che il linguaggio del corpo sia complementare alla comunicazione verbale. Attraverso i gesti, la postura e le espressioni del viso, trasmettiamo all'interlocutore molte informazioni sui noi stessi.

È evidente che il linguaggio del corpo può fare la differenza fra un'interazione riuscita e una destinata al fallimento fin dall'inizio. In pratica, le informazioni trasmesse attraverso i mezzi non verbali assicurano la giusta interazione fra due o più persone. Tuttavia, è importante sottolineare che a volte, a causa delle differenze culturali e di altri fattori condizionanti, il linguaggio del corpo può provocare confusione o ambiguità.

Ognuno di noi deve essere in grado di usare il linguaggio del corpo a proprio vantaggio e, al contempo, deve imparare a decifrare con la massima precisione le informazioni non verbali trasmesse dall'altra persona. Una volta padroneggiata l'arte della comunicazione non verbale, le interazioni con le altre persone avranno un esito migliore e ridurrete il rischio di incomprensioni, confusione e situazioni imbarazzanti.

Quanto sono importanti le espressioni del volto?

Ogni persona su questo pianeta ha la sua mimica facciale che viene solitamente utilizzata per esprimere emozioni e/o pensieri. È sorprendente il numero di muscoli che vengono coinvolti nelle espressioni del viso e che ci permettono di esprimere felicità, tristezza o rabbia. Le sopracciglia si sollevano quando siamo sorpresi. Arricciamo il naso quando qualcosa non soddisfa le nostre esigenze. Gli angoli della bocca si piegano in su quando siamo felici. Al nostro interlocutore vengono comunicate una valanga di informazioni su ciò che proviamo e pensiamo. È piuttosto interessante il fatto che utilizziamo contemporaneamente espressioni facciali e corporee per trasmettere in maniera più eloquente i nostri pensieri ed emozioni. La persona che riceve le informazioni analizzerà contemporaneamente sia le espressioni facciali sia quelle corporee e userà il linguaggio del suo corpo per rispondere in maniera adeguata alla situazione in questione.

La postura del corpo è di straordinario aiuto alla comunicazione
La postura del corpo di una persona può fornire informazioni sul suo stato d'animo. È anche molto utile per capire a cosa pensa una persona in un dato momento. Le posture del corpo sono come un riflesso delle nostre emozioni, a prescindere dalla nostra consapevolezza di tale fatto. Ad esempio, se una persona è seduta su una sedia, con la schiena rilassata e gambe e braccia allargate, significa che è distesa e interessata a comunicare con la persona che le sta di fronte. Al contrario, se braccia e gambe sono incrociate, l'interesse per tale interazione è molto basso, se non assente.

Anche il gesto più insignificante ha importanza

Un saggio una volta ha detto che i piccoli gesti possono avere un grande impatto. Nel corso della giornata interagiamo con diverse persone e usiamo i gesti per integrare i nostri messaggi verbali. Le braccia, le mani e le dita si muovono in diverse direzioni, proprio come la testa e le gambe. Gran parte di questi movimenti sono involontari, ma è possibile usare gesti volontari per sottolineare le informazioni trasmesse per mezzo della parola.

I movimenti che compiamo possono avere un impatto diverso, a seconda della cultura alla quale apparteniamo. Per esempio, molti dei gesti fatti con le dita sono considerati accettabili nella cultura occidentale e offensivi nel Medio Oriente. È fondamentale riflettere con attenzione per decidere se un gesto è accettabile o no in una certa cultura. In questo modo verrà assicurata un'interazione appropriata con l'altra persona, senza correre il rischio di essere culturalmente insensibili.

Che tipo di informazioni possono fornire i gesti? Prendiamo ad esempio i movimenti delle mani. Se le mani sono rilassate e si muovono con gesti definiti, significa che ci fidiamo delle informazioni che ci vengono fornite e, ovviamente, di noi stessi (autostima). Se invece teniamo le mani serrate, può significare che siamo stressati o irritati. Muovere costantemente le mani o stringerle insieme può indicare che si è agitati, nervosi o ansiosi.

La stretta di mano: dall'antico rituale di saluto ai tempi moderni

La storia ci insegna che le persone hanno iniziato a stringersi la mano per dimostrare agli altri le loro intenzioni pacifiche (e il fatto che non nascondessero armi). Oggi, la stretta di mano è diventata un rituale di saluto comune utile a manifestare l'effettivo livello di fiducia. Una stretta di mano può rivelare molte informazioni sulla persona che avete di fronte, in particolar modo su quanto è disponibile a permettere a qualcun altro di entrare nel suo spazio personale.

Una stretta di mano può essere troppo debole o troppo forte e ogni situazione comunica un messaggio diverso sulla persona con cui si sta scambiando la stretta di mano. Se la stretta di mano è troppo debole, significa che la persona in questione non è abbastanza sicura di sé e la situazione attuale la sta rendendo ansiosa o nervosa. Una stretta di mano troppo forte può denotare un desiderio di dominio o un'eccessiva sicurezza.

Anche le differenze culturali possono influenzare il significato di una stretta di mano. Ad esempio, nei Paesi europei è consuetudine, per uomini e donne, stringersi la mano, sia come forma di saluto che di accordo su una certa decisione. Nei Paesi mussulmani, tale interazione è vietata e severamente condannata. Ancora una volta, ritorna l'idea di sensibilità culturale. Dobbiamo sempre prestare attenzione ai riferimenti culturali e decidere rapidamente se un determinato gesto è culturalmente accettabile oppure no.

Spunti di riflessione
1. Analizzate la postura del vostro corpo quando incontrate qualcuno per la prima volta. Siete rigidi o rilassati?
2. Trovate tre gesti che abbiano un significato diverso a seconda della cultura nella quale vengono utilizzati.
3. Quanto sono importanti le differenze culturali quando si parla di comunicazione non verbale?

Capitolo 2 – In che modo la comunicazione non verbale riflette le nostre emozioni e i nostri pensieri?

Edward Sapir: "La comunicazione non verbale è un segreto complesso che non sta scritto da nessuna parte, che non è noto a nessuno e che viene compreso da tutti."

La comunicazione non verbale: uno specchio della nostra interiorità

La comunicazione per noi, in quanto esseri umani, è fondamentale. Il più delle volte, quando pensiamo alla comunicazione, tendiamo a concentrarci maggiormente sull'aspetto verbale. Ma in realtà la comunicazione non verbale ha un'importanza maggiore. Pensateci. Gli esseri umani hanno usato la comunicazione non verbale fin dall'alba dei tempi, ben prima che comparisse la lingua parlata.

La comunicazione non verbale rivela molto di ciò che siamo e del messaggio che stiamo cercando di trasmettere. Comunica

maggiori informazioni di quanto non facciano le parole effettive, soprattutto per quanto riguarda ciò che proviamo o pensiamo. Infatti, numerosi studi hanno confermato che la comunicazione non verbale è molto più eloquente rispetto a qualunque altra forma di comunicazione.
Quando non siamo sicuri del messaggio verbale che vogliamo trasmettere, tendiamo a fare affidamento sui gesti e le espressioni facciali. È stato anche dimostrato che la comunicazione non verbale viene preferita quando si tratta di esprimere emozioni e pensieri, e spesso ciò succede in maniera del tutto involontaria.
Facciamo un esempio per comprendere meglio come utilizziamo la comunicazione non verbale nella quotidianità. Immaginate che qualcuno vi chieda qualcosa, ma voi non siete sicuri delle intenzioni che si nascondono dietro a tale richiesta. In una situazione del genere molto probabilmente vi affiderete alla comunicazione non verbale per determinare le emozioni o le intenzioni

della persona che vi ha posto la domanda. Più l'interazione è interpersonale e più vi affiderete ai segnali non verbali per ottenere indizi. Questo vale anche per gli scambi emotivi.

Forse l'aspetto più interessante della comunicazione non verbale è la sua natura quasi sempre involontaria. Non è possibile controllarla facilmente come la comunicazione verbale e, cosa più importante, non la si può simulare. Non ne siete convinti? Andate indietro con la memoria e cercate di ricordare il vostro primo incontro con qualcuno. Se la persona in questione non vi è piaciuta, è molto probabile che le abbiate inviato dei messaggi non verbali involontari al riguardo. È difficile fingere interesse, a prescindere dal vostro impegno nel provarci.

In un certo senso, si può considerare la comunicazione non verbale come l'attore principale che ha la responsabilità di esternare sentimenti e pensieri. È vero che alcune persone imparano a controllare i loro gesti ed espressioni facciali, ma otterranno solo i risultati oggettivi richiesti dalla posizione che ricoprono. Di norma, sono persone che rappresentano aziende importanti e che devono allenarsi a trasmettere il messaggio dell'azienda, senza far trasparire la propria opinione per mezzo di segnali non verbali. La maggior parte di noi ha difficoltà a controllare i comportamenti non verbali, soprattutto quando ci ritroviamo in situazioni in cui i nostri pensieri ed emozioni personali devono essere necessariamente espressi.

La comunicazione non verbale è ambigua?

La comunicazione verbale è chiarissima nella maggior parte delle situazioni. La comunicazione non verbale, invece, è piuttosto ambigua, dato che vengono conferiti molteplici significati sia alle espressioni facciali sia ai gesti, a seconda della situazione, della cultura e delle personalità coinvolte. Al contrario delle parole, molti segnali non verbali non possiedono un significato preciso e sono aperti a interpretazione. A volte, per ridurre il livello di ambiguità, possiamo affidarci ad altri indizi, come l'ambiente in cui ci troviamo o le parole pronunciate dal nostro interlocutore.

E per quanto riguarda l'attendibilità?

Quando una persona parla di un argomento, può succedere che non siate inclini a crederle. Nel momento in cui decidete se le parole di quella persona sono credibili oppure no prenderete in considerazione una miriade di fattori, fra cui il suo ambiente sociale, la sua cultura e la sua esperienza nell'ambito dell'argomento di cui sta parlando.

Sorprendentemente, troviamo più semplice credere alle informazioni trasmesse attraverso i mezzi non verbali. Peter Drucker una volta ha detto che la cosa più importante nella comunicazione è ascoltare ciò che non viene detto. La comunicazione non verbale è molto più attendibile del messaggio verbale, soprattutto perché è difficile, se non impossibile, simularla o controllarla.

Spesso la comunicazione non verbale ha una natura involontaria e questo è uno dei motivi per cui i messaggi trasmessi attraverso di essa presentano un livello di attendibilità più alto. In pratica, non è possibile fingere dei gesti o delle espressioni facciali, quindi anche l'altra persona risponderà in maniera onesta e appropriata. Spesso si è detto che la comunicazione non verbale trasmette un significato e non potrebbe essere più vero ai giorni nostri.

La comunicazione non verbale: un rafforzativo dei nostri pensieri ed emozioni

Molte delle espressioni facciali che utilizziamo quotidianamente sono involontarie. I nostri corpi si sono abituati ad utilizzarle come rafforzativo dei nostri pensieri ed emozioni. A volte, la comunicazione verbale non è sufficiente per manifestare agli altri il nostro stato emotivo o i pensieri che ci passano per la testa. Diciamo che volete raccontare una barzelletta a un amico. Se sorriderete, migliorerete la qualità della comunicazione, perché i vostri segnali non verbali trasmetteranno con chiarezza il vostro stato d'animo.

È importante capire che la comunicazione non verbale influisce in maniera profonda ed evidente sulle relazioni. Tale influsso può essere positivo o negativo, a seconda delle situazioni in cui vi ritroverete. Spesso ci affidiamo ai gesti per esprimere le nostre emozioni, soprattutto quando si tratta di interagire con coloro che amiamo. Gli amici si tengono per mano, gli amanti si baciano e le madri accarezzano i loro figli. La comunicazione non verbale assicura rapporti più intimi, anche quando non avviene nessuna comunicazione verbale.

Nel mondo di oggi, ci affidiamo alla comunicazione verbale per trovare la soluzione migliore a un dato problema. Questo tipo di comunicazione può essere utilizzato per ricevere/dare istruzioni dettagliate su un compito di cui dobbiamo occuparci. Tuttavia, la comunicazione non verbale resta un metodo eccellente per trasmettere le nostre emozioni e/o pensieri agli altri. È efficiente e, cosa più importante, è sempre accurata. Quindi, la prossima volta che siete a corto di parole, lasciate che sia il vostro corpo a parlare per voi. È garantito che farà il suo dovere, rivelando all'altra persona come vi sentite o a cosa state pensando realmente.

Esercizi

1. Lavorate con un amico o il partner. Fate a turno nel descrivere una situazione, usando solo la comunicazione non verbale. Prestate molta attenzione ai segnali non verbali che usa l'altra persona.
2. Potete descrivere una situazione in cui la comunicazione non verbale potrebbe avere un impatto negativo anziché positivo?
3. Quali tipi di lavoro richiedono consapevolezza e/o controllo della comunicazione non verbale, secondo voi?

Capitolo 3 – L'impatto delle differenze culturali sul linguaggio del corpo e la comunicazione non verbale

Aga Khan IV: "Tolleranza, apertura e comprensione verso le culture, le strutture sociali, i valori e le religioni delle altre persone sono oggi essenziali per la sopravvivenza stessa di un mondo interdipendente."
In generale, l'impatto che le differenze culturali possono avere sul linguaggio del corpo e sulla comunicazione non verbale è sorprendente. Non possiamo viaggiare in un altro Paese con una cultura diversa dalla nostra e aspettarci che i nostri gesti o espressioni abbiano lo stesso significato. Tanto è vero che si parla sempre più spesso del concetto di sensibilità culturale: dovremmo sempre essere coscienti delle differenze culturali esistenti e rispettarle di conseguenza.

Il linguaggio del corpo e le variazioni culturali
Il modo migliore per comprendere il rapporto tra il linguaggio del corpo e le

differenze culturali è quello di fare degli esempi pratici. Prendiamo come esempio l'incontro di due uomini d'affari. Uno è americano e l'altro proviene dal Medio Oriente. Sicuro di sé, l'uomo d'affari americano si siederà, appoggerà una caviglia sul ginocchio dell'altra gamba e mostrerà la suola della scarpa all'uomo del Medio Oriente. Senza saperlo, l'americano ha appena compiuto un gesto offensivo, correndo il rischio di danneggiare l'intera transazione d'affari.

La stretta di mano è uno dei gesti più comuni al mondo. Tuttavia, a seconda della cultura, può assumere i significati più diversi. Se non siamo culturalmente sensibili al significato della stretta di mano, potremmo finire in situazioni imbarazzanti o comiche.

Nei Paesi anglofoni e in alcuni altri Paesi europei, come la Germania, è consuetudine stringersi la mano sia all'inizio sia alla fine di un incontro. La frequenza con cui si usa questo gesto è molto elevata anche in diversi altri Paesi. Per esempio in Francia le strette di mano possono occupare fino a mezz'ora dell'intera giornata lavorativa. Nei Paesi arabi e asiatici, inclusa l'India, è consuetudine continuare a tenere la mano dell'altra persona anche dopo che la stretta di mano si è conclusa.

In alcune culture, il contatto fisico è considerato scortese e andrebbe sempre evitato. Un valido esempio è il Giappone, un Paese in cui le persone non si stringono la mano, non si baciano né si abbracciano quando si incontrano. Tuttavia, per i giapponesi è consuetudine fare un inchino quando conoscono qualcuno per la prima volta. A seconda della posizione sociale delle persone riunite, ci sarà chi dovrà inchinarsi di più (prestigio minore) e chi invece dovrà inchinarsi di meno (prestigio maggiore).

Come è già stato detto nel capitolo precedente, usiamo con regolarità un certo numero di gesti per esprimere i nostri pensieri o emozioni. Tuttavia, ogni gesto può essere interpretato in maniera diversa, a seconda della cultura o del Paese nei quali viene usato. Per esempio, la parola OK, che venne usato per la prima volta in America nel XIX secolo, può assumere diversi significati. Un americano lo interpreterà come un segnale che va tutto bene, mentre per un giapponese significherà "denaro". Un francese si sentirà insultato se gli mostrate l'OK, perché in realtà significa "zero". Inoltre, con questo gesto insulterete sicuramente un turco o un brasiliano, perché è considerato culturalmente offensivo.

Un altro gesto che vedrete spesso in molte culture è il pollice in su. Ovviamente, questo gesto è più comune nei Paesi anglofoni, compresi Stati Uniti, Australia e Nuova Zelanda. Curiosamente, però, può assumere significati diversi nello stesso contesto culturale. Primo: può essere utilizzato per fare autostop, un segnale molto chiaro che indica il bisogno di un trasporto e nient'altro. Secondo: può significare che siete d'accordo con una certa decisione o attività, essendo simile al segnale di OK. Ultimo, ma non meno importante, è un chiaro gesto di insulto quando la mano viene mossa rapidamente su e giù.

A volte una piccola modifica può fare una differenza enorme per quanto riguarda l'interpretazione di certi gesti. Prendiamo il segno "V" come esempio. Nei Paesi anglofoni viene considerato un gesto molto offensivo o ingiurioso, se chi sta parlando volge il palmo verso di sé (è un gesto osceno che viene utilizzato al posto dell'espressione verbale "vaffanculo"). Se invece il palmo è volto verso l'esterno, è un segno di vittoria. Anzi, questo gesto fu reso popolare per la prima volta da Winston Churchill, come segno di vittoria alla fine della Seconda Guerra Mondiale.

Siete consapevoli delle differenze culturali?

Se volete padroneggiare l'arte della comunicazione non verbale dovete essere consapevoli delle differenze culturali. La sensibilità culturale può marcare la differenza fra un incontro riuscito e uno destinato al fallimento fin dall'inizio.

Per diventare più consapevoli delle differenze culturali e l'impatto che queste hanno sulla comunicazione non verbale, vi consiglio di provare il seguente esercizio. Sollevate la mano e formate il numero cinque. Probabilmente avrete usato le cinque dita per rappresentare il numero in questione. Ora, provate a mostrare il numero due a un'altra persona. Ecco che entrano in gioco le differenze culturali.

Se vivete in un Paese anglofono e avete degli antenati anglosassoni, è altamente probabile che abbiate usato l'indice e il medio per mostrare il numero al vostro amico o partner. Se invece provenite da un altro Paese europeo è altamente probabile che abbiate usato il pollice e l'indice. Perché? Beh, si tratta di una semplice differenza culturale. Nei Paesi anglofoni, soprattutto nel Regno Unito, il conteggio inizia dal dito indice. Invece, nella maggior parte dei Paesi europei il conteggio inizia dal pollice, da qui la differenza.

Spunti di riflessione
1. Riuscite a individuare tre gesti che hanno un significato diverso a seconda della cultura nella quale vengono utilizzati?

2. Potete elencare cinque Paesi in cui il contatto fisico viene considerato scortese o inappropriato?
3. Definite il concetto di sensibilità culturale con parole vostre.

Capitolo 4 – I gesti più comuni utilizzati nella quotidianità

Allen Ruddock: "Il vostro corpo comunica bene quanto la vostra bocca. Non contradditevi."
Ogni giorno ci affidiamo al linguaggio del corpo per comunicare. Alcuni dei gesti che compiamo sono chiari e volontari e comunicano cosa proviamo e come ci sentiamo. Tuttavia, molti altri gesti sono involontari, spesso vengono compiuti inconsciamente ed esprimono i nostri reali pensieri e/o sentimenti. I gesti con cui abbiamo a che fare quotidianamente e che rientrano in questa categoria sono numerosi. Vediamo qual è il significato che nascondono, a seconda della cultura nella quale vengono utilizzati.

Annuire con la testa
Questo, senza dubbio, è uno dei gesti più comuni con cui avrete a che fare in qualsiasi cultura o paese. Viene utilizzato per confermare un'intesa o come segnale non verbale della parola "sì". Gli studi

hanno confermato che questo movimento della testa deriva dall'inchino, visto come gesto di sottomissione. In pratica, quando annuiamo, confermiamo il nostro accordo con ciò che ci sta dicendo l'altra persona.
È interessante sapere che questo gesto si riscontra anche nelle persone nate cieche o sorde. Questo significa che tale movimento della testa, utilizzato col significato di "sì", non è acquisito, ma piuttosto innato. È un gesto di sottomissione, ma presenta diverse versioni, a seconda della cultura nella quale viene utilizzato.
In India, per dimostrare il proprio accordo, si preferisce piuttosto ondeggiare la testa da una parte all'altra. Questo è un ottimo esempio di quanto sia effettivamente ambigua la comunicazione non verbale. Un europeo o un americano si sentirà confuso vedendo tale gesto, perché nei Paesi occidentali ed europei ondeggiare la testa in quel modo è segno di incertezza (può significare: forse sì o forse no.)
I giapponesi annuiscono raramente per indicare accordo. Tale gesto viene spesso

utilizzato dall'interlocutore per dire che ha ascoltato il punto di vista dell'altro, ma che non si trova necessariamente d'accordo con lui. Nei Paesi arabi, il gesto di annuire assume una forma particolare che si riduce a un singolo movimento della testa verso l'alto. Ultimo, ma non meno importante è l'utilizzo disorientante che se ne fa in Bulgaria, dove il gesto di annuire in realtà significa "no".

Scuotere la testa
Anche scuotere la testa è un gesto comune quanto l'annuire, in quanto sta a significare "no" o, in generale, disapprovazione. È noto per essere uno dei primi gesti con cui ci esprimiamo fin dalla primissima infanzia. È interessante osservare che quando un neonato ha poppato latte a sufficienza, comincerà a scuotere la testa per rifiutare il seno. Tale gesto si ripete anche in seguito, quando i bambini, ormai sazi, rifiutano il cucchiaio. Scuotere la testa è un gesto molto chiaro e viene utilizzato in quasi tutte le culture con lo stesso significato. Tuttavia, se vi trovate

in Bulgaria, state attenti, perché tale gesto in realtà significa "sì" o approvazione.

Stringersi nelle spalle
Questo è un gesto ben noto: si abbassa la testa fra le spalle che vengono sollevate. All'alba dei tempi, probabilmente era un gesto di protezione, per riparare il collo da potenziali lesioni mortali. Oggi, usiamo inconsciamente questo gesto quando sentiamo un rumore molto forte e pensiamo che ci stia per cadere qualcosa addosso. Tuttavia, escluse queste situazioni, tale gesto può anche significare che ci dispiace per qualcosa che abbiamo fatto (gesto di sottomissione).

Togliere pelucchi immaginari dagli abiti
Vi è mai capitato di avviare una conversazione con una persona per poi scoprire che è più interessata a levare i pelucchi dai suoi abiti? Si tratta di un comune gesto di disapprovazione che viene utilizzato quando non siamo d'accordo con le opinioni dell'altra persona, ma non vogliamo esprimere i

nostri sentimenti a voce alta. Quindi ci affidiamo a questo gesto sostitutivo per inviare un messaggio subconscio sulla nostra reale opinione.

Più l'interlocutore passa il tempo a levare pelucchi dai propri abiti e più è in disaccordo con ciò che stiamo dicendo. Se riusciremo a cogliere altri segnali non verbali, dovremmo essere in grado di capire se è realmente così oppure no. Per esempio, oltre a collezionare pelucchi immaginari, la persona in questione eviterà di guardarvi negli occhi. Guarderà altrove e sembrerà più interessata a levare pelucchi dai suoi abiti. Ricordate che questo è un gesto di disapprovazione, da non confondere con una mancanza di interesse.

Mani sulla vita
Anche questo è un gesto molto comune, utilizzato spesso nel mondo degli affari per suggerire un senso di predominio. Quando appoggiamo le mani sui fianchi, in pratica, espandiamo il nostro spazio personale e stabiliamo una predominanza sull'altra

persona. Significa anche che siete pronti all'azione e al successo: la via sembra essere priva di ostacoli. Il gesto viene utilizzato spesso nello sport, con lo scopo di suggerire la propria volontà di sconfiggere l'avversario. Ancora una volta è fondamentale interpretare il gesto in maniera corretta per non farsi cogliere impreparati.

La posa del cow-boy
Le celebrità di Hollywood (maschili) spesso assumono questa posa: infilano i pollici nelle tasche dei pantaloni e inclinano leggermente il corpo. Si tratta di un gesto di predominio sessuale, dato che l'attenzione viene attirata sulla zona genitale. In pratica, quando le celebrità assumono questa posa, vogliono comunicare al mondo la loro virilità. Nella quotidianità, gli uomini possono assumere questa posizione per marcare il loro territorio o per inibire gli altri uomini (potenziali concorrenti). È interessante osservare che questo gesto è stato

riscontrato anche nelle scimmie, senza ovviamente i pantaloni.

Questi sono alcuni fra i gesti più comuni che potete riscontrare nella vita di tutti i giorni. Ricordate sempre che un gesto può essere interpretato in maniera diversa a seconda della cultura nella quale viene utilizzato. È importante imparare a interpretare i gesti in maniera corretta, a prescindere da dove vi troviate, in modo da non farvi cogliere impreparati.

Spunti di riflessione
1) Indicate altri tre gesti comuni che potete incontrare nella vostra quotidianità
2) Riuscite a individuare almeno cinque gesti che vengono considerati offensivi in certi Paesi?
3) Gli uomini e le donne interpretano i gesti in maniera diversa?

Capitolo 5 – La stretta di mano, molto più di un semplice gesto

Steve Maraboli: "Fate in modo che la vostra stretta di mano sia un accordo più forte di un contratto scritto."

La storia della stretta di mano: dall'antica Roma ai giorni nostri

Abbiamo parlato brevemente della stretta di mano nel primo capitolo, sottolineando la sua importanza e il suo significato nelle relazioni umane. Se andiamo indietro nel tempo, vedremo che le antiche culture orientali spesso usavano l'inchino come forma di saluto. Solo con lo sviluppo delle società occidentali la stretta di mano è comparsa come forma di saluto. Tuttavia, il concetto alla base era quello di mettere in mostra le mani, per palesare che non si avevano armi nascoste.

È interessante notare che la stretta di mano, ai suoi albori, non veniva concepita come una forma di saluto. Nell'antica Roma, le persone arrivavano ad afferrare l'intero avambraccio dell'interlocutore per essere certi al 100% che non avesse intenzioni nascoste (o armi nascoste, per essere chiari). Era d'uso presso i romani nascondere un pugnale nella manica, quindi la stretta di mano era più una forma di verifica che di saluto.

Oggi, con l'evoluzione, abbiamo smesso di nascondere armi nelle maniche e la stretta di mano è diventata perciò una delle forme di saluto più comuni. Viene preferita nelle culture occidentali, mentre in quelle asiatiche e indiane prevale ancora l'inchino. L'aspetto più importante da ricordare è che si possono ottenere numerose informazioni su una persona, semplicemente analizzando con attenzione la sua stretta di mano. Per esempio, se una persona è particolarmente estroversa, è altamente probabile che la sua stretta di mano sarà forte e sicura. Al contrario, se la persona in questione è più timida o nevrotica, è lecito aspettarsi che la sua stretta di mano sia debole, delicata e forse sudaticcia.

Tipologie di strette di mano

Come è già stato menzionato, è possibile comprendere diverse cose sull'interlocutore, semplicemente osservando il modo con cui vi stringe la mano. Esistono diversi tipi di stretta di mano e ognuno fornisce informazioni chiare sulla persona che avete di fronte.

Stretta di mano avvolgente

Ai politici spesso viene insegnato ad usare una stretta di mano avvolgente, perché li fa apparire premurosi e calorosi agli occhi del pubblico. In pratica, con questa tipologia di stretta di mano, l'altra persona abbraccia le vostre mani. Solitamente, chi stringe la mano in questo modo viene percepito come amichevole, affidabile, perfino sincero. È importante ricordare che questo tipo di stretta di mano dovrebbe essere utilizzata solo con persone con cui avete già un rapporto, altrimenti potrebbe essere percepita come una sorta di invasione della privacy, soprattutto nel caso in cui abbiate appena conosciuto la persona in questione.

Stretta di mano dominante

Se avete già incontrato una persona dalla personalità dominante, avrete probabilmente notato che la sua personalità si riflette nel modo in cui stringe la mano. La sua mano si piazzerà in cima, col palmo rivolto verso il basso. Ricordate che le persone usano questo tipo di stretta di mano per dimostrare la loro superiorità. La stretta di mano dominante può essere utilizzata da coloro che si trovano in una posizione di autorità, come prova di superiorità.

L'aspetto interessante è che potete utilizzare la stretta di mano dominante a vostro vantaggio. Per esempio, se il vostro capo usa questo tipo di stretta di mano, la potete accettare senza fare questioni, permettendogli/le di sentirsi più potente e in controllo della situazione. Se invece avete commesso un errore e volete scusarvi con la persona che ha subito il torto, potete permetterle di mettere la sua mano sopra la vostra. In questo modo vi dimostrerete sottomessi e permetterete all'altra persona di sentirsi superiore, risolvendo così la situazione.

Stretta di mano fredda e sudaticcia

Generalmente, una stretta con mano fredda e sudaticcia viene associata a una persona passiva o debole. Ovviamente anche le persone indolenti possono usare questo tipo di stretta di mano, senza magari rendersene conto. La stretta di mano sudaticcia e fredda è tipica delle persone ansiose. Siccome non si sentono a loro agio nelle interazioni sociali, il livello di panico sale e il sangue viene pompato verso gli organi vitali (reazione "fuggi o combatti"). Dal punto di vista medico, può anche essere sintomo di iperidrosi, una condizione caratterizzata da un'eccessiva sudorazione localizzata soprattutto nelle estremità.

Stretta di mano stritolante

Questa stretta di mano viene associata alle persone aggressive che la usano come segnale di fiducia in loro stesse. Certe persone stringono così forte la mano da lasciarvela tutta indolenzita. L'intenzione principale è quella di dimostrare quanto siano forti rispetto a voi. La pressione può essere anche maggiore nel caso in cui l'interlocutore si senta inferiore a voi. Attraverso la stretta di mano, desidera dimostrare il suo predominio, sia per debolezza sia per paura.

Stretta di mano in punta di dita

Questo tipo di stretta di mano viene utilizzata spesso quando un uomo conosce una donna. Gli studi hanno confermato che le donne necessitano di uno spazio personale più ampio rispetto agli uomini. Perciò le donne useranno questo tipo di stretta di mano per salutare l'altra persona e mantenere al contempo le distanze. Vedrete che questo tipo di stretta di mano viene usata anche dalle persone che si sentono superiori agli altri. Ad esempio, le famiglie reali usano spesso a questo tipo di stretta di mano per salutare le altre persone. Il palmo sarà rivolto verso il basso e l'altra persona sarà in grado di toccare solo la punta delle dita. Ancora una volta, la stretta di mano può essere usato come gesto autoritario sulle altre persone.

La stretta di mano trattenuta

Le personalità aggressive useranno spesso questo tipo di stretta di mano per mantenere le altre persone a debita distanza. Se non desiderate che le altre persone entrino nel vostro spazio personale, userete questa stratta di mao. Facilmente, tale stretta di mano sarà utilizzata da individui che si sentono minacciati o impauriti. Sotto un altro punto di vista, potrebbe essere scelta da coloro che sono cresciuti in campagna, poiché hanno bisogno di uno spazio personale più ampio rispetto a coloro che sono cresciuti in città (soprattutto se affollata).

La stratta di mano "afferra e tira"

Come suggerisce chiaramente la definizione di questa stretta di mano, è spesso utilizzata per manipolare le altre persone. Quando qualcuno vuole sentirsi potente e in controllo della situazione, userà questa stretta di mano. Quindi afferreranno il vostro braccio e vi tireranno verso di loro. Ci sono diverse ragioni per cui si può usare questa stretta di mano. Ad esempio, se il vostro interlocutore prova insicurezza durante l'interazione con voi, tenterà di tirarvi nel suo spazio personale, dove si sente al sicuro. È anche possibile che la persona in questione sia cresciuta in un ambiente urbano, dove lo spazio personale è più ridotto. Ultimo aspetto, ma non meno importante è il desiderio della persona di mantenere il controllo della situazione, sottomettendo così gli altri.

Spunti di riflessione

1) Ricordate una situazione in cui vi siete imbattuti in una o più strette di mano appena descritte?

2) Nella vostra esperienza, avete sperimentato altri tipi di stretta di mano?

3) Quanto dovrebbe durare una stretta di mano, secondo voi?

Capitolo 6 – Come utilizzare il sorriso e la risata a vostro vantaggio

William Arthur Ward: "Un sorriso caloroso è il linguaggio universale della gentilezza".

Il sorriso: una questione scientifica
Poche persone sanno resistere alla tentazione di ricambiare un sorriso. Fin da bambini ci viene insegnato che il sorriso ha un potere incredibile, in grado di stimolare una reazione positiva nei nostri interlocutori. Crescendo, tendiamo a sorridere di meno e questo può danneggiare i nostri rapporti. Un bambino può sorridere approssimativamente 400 volte al giorno, un adulto sorriderà al massimo 16 volte al giorno.
Gli studi scientifici sul sorriso iniziarono nel XIX secolo, con lo scienziato francese Guillaume Duchenne de Boulogne. Fu lui a scoprire quali sono i due principali gruppi muscolari coinvolti nel processo del sorriso: i muscoli zigomatici maggiori e i muscoli orbicolari degli occhi. La cosa più interessante di tale scoperta, valida ancora

ai giorni nostri, fu che i muscoli zigomatici maggiori vengono utilizzati per fingere un sorriso e possono essere controllati in maniera consapevole. I muscoli orbicolari, invece, sono muscoli indipendenti e ciò significa che il sorriso che ne deriva sarà genuino. Dunque, la prossima volta che dovrete capire se qualcuno vi sta dicendo la verità oppure no, guardatelo/la negli occhi. Se il suo sorriso è genuino, si formeranno delle rughe attorno agli occhi.

Quanto è importante sorridere?
Come visto sopra, è possibile analizzare il modo di sorridere di una persona e capire se il suo è un sorriso genuino o simulato. Un saggio una volta ha detto che le persone disoneste e insincere sorrideranno solo con la bocca, senza formare rughe attorno agli occhi. Ricordate che un sorriso sincero viene generato a livello cerebrale, senza sforzo.
Non importa quale sia la nostra cultura di appartenenza: da un sorriso ricaviamo tutti le stesse informazioni. Capiamo che la persona che ci sta sorridendo è simpatica

e interessata a noi. Al contempo, un vostro sorriso può dimostrare agli altri che non rappresentate una minaccia e che siete ben disposti ad accettare l'interlocutore. È interessante osservare che le persone importanti non sorridono molto spesso, questo perché l'atto di sorridere è spesso associato a un atteggiamento di sottomissione.

Il sorriso è uno dei molti gesti che potete utilizzare a vostro vantaggio. Le persone tendono sempre a ricambiare un sorriso e l'atmosfera si rilassa grazie a questo semplice gesto. Anche se il vostro sorriso non è sincero, l'interlocutore tenderà a replicare il gesto. E sì, è vero che più sorridete e più migliorerà il vostro atteggiamento. Quindi è possibile utilizzare il sorriso per guadagnarsi la fiducia degli altri e, al contempo, assicurasi di non venir percepiti come una minaccia.

Numerosi studi hanno dimostrato che davvero poche persone sono in grado di distinguere un sorriso sincero da uno fasullo. Questo succede perché il sorriso appare come un gesto naturale e

tendiamo ad abbassare la guardia per accogliere l'altra persona nel nostro spazio personale. Tuttavia, è stato anche dimostrato che un sorriso fasullo tenderà ad apparire più marcato su un lato del viso.
Esistono diversi tipi di sorriso e tutti dipendono dalle circostanze e dalla persona a cui viene rivolto. Prendiamo come esempio il sorriso a labbra strette. In generale, questo è il tipo di sorriso che userebbe una persona in disaccordo con voi. Le donne utilizzano questo tipo sorriso per respingere un uomo. Tuttavia, solo le donne lo interpretano come un segnale di rifiuto, mentre gli uomini, spesso, lo vedono come un segnale di incoraggiamento.
Il sorriso sornione è un chiaro segnale di sarcasmo ed è più evidente su un lato del volto. Il sorriso a bocca aperta, invece, viene considerato come un tratto giocoso dell'individuo, e spesso è utilizzato per suscitare una reazione di allegria negli altri. Il sorriso laterale, con lo sguardo obliquo verso l'alto, viene usato dalle

donne che vogliono attirare l'attenzione di un uomo, e viene percepito come giocoso e interessante.

Perfino la smorfia viene considerata un tipo di sorriso e rappresenta la combinazione perfetta fra sarcasmo e mancanza di interesse.

Ridere, importante quanto sorridere
Un saggio una volta ha detto che la risata è la distanza più breve fra due persone. Ed è piuttosto vero, se considerate quanto è chiaro il messaggio che invia una risata. Dimostra che siete genuinamente felici e interessati a parlare con la persona in questione. La risata è il modo perfetto per stabilire un legame e rendere l'atmosfera più rilassata (e quindi meno artificiosa).

La risata può essere utilizzata come risposta ai sentimenti che le altre persone suscitano in noi. Non ridiamo solo quando una cosa è divertente, ma anche quando siamo emozionati e *crediamo* che qualcosa sia divertente. Nel contesto sociale, la risata garantisce un'interazione più efficace, anche quando non si conosce molto bene l'altra persona.

Nella vostra vita, potreste incontrare delle persone che fanno di tutto per reprimere la risata. Tali persone hanno difficoltà ad esprimere i loro sentimenti e considerano la risata una cosa non necessaria. Tuttavia, non bisognerebbe mai trattenere una risata, solo perché di fronte vi trovate una persona che reprime le sue emozioni. La vostra franchezza potrebbe scatenare la stessa reazione nel vostro interlocutore, rendendo l'intera esperienza molto più piacevole.

Spunti di riflessione
1. Chi sorride di più secondo voi, gli uomini o le donne?
2. C'è un legame fra il sorriso e la salute?
3. Cos'è il malumore permanente?

Capitolo 7 – Usate il corpo per comunicare le informazioni corrette

Harbhajan Singh Yogi: "Ricordate: il linguaggio dei gesti è più efficace della parola. Il linguaggio del corpo è molto potente. Portate l'equilibrio dentro di voi e proiettate tale equilibrio."

Come utilizzare il corpo per colpire gli altri con la vostra sicurezza

Se desiderate colpire gli altri con la vostra sicurezza potete usare il linguaggio del corpo e comunicare tali informazioni in un modo efficace. Iniziate dalla postura e mettetevi ben in piedi, assicurandovi che le spalle siano dritte. Allenatevi a mantenere il contatto visivo, sorridete più che potete (nel caso sia appropriato farlo). Gesticolate con mani e braccia per enfatizzare il vostro discorso. Prestate attenzione al tono della vostra voce e mantenetelo moderato e basso.

Come capire quando siete sulla difensiva

Se vi ritrovate in una situazione in cui sentite che il vostro interlocutore è più forte di voi o troppo aggressivo, potreste iniziare ad attuare strategie difensive (consapevoli o inconsce). Il corpo inizierà ad inviare dei segnali molto chiari ed è importante imparare a riconoscerli. Ad esempio, se vi trattenete dal gesticolare con mani e braccia e le tenete vicine al corpo, siete chiaramente sulla difensiva. Gli individui sulla difensiva non avranno quasi espressioni facciali. Tenderanno ad allontanare il corpo dall'interlocutore, incroceranno le braccia come gesto di rifiuto e il contatto visivo sarà quasi assente.

È possibile essere sulla difensiva quando è necessario negoziare un contratto d'affari particolarmente complicato. Fate attenzione ai segnali appena elencati, così non correrete il rischio di apparire troppo sulla difensiva. Si può imparare ad essere più aperti e a utilizzare il linguaggio del corpo per comunicare la vostra disponibilità e apertura.

Il linguaggio del corpo e la mancanza di interesse

Se vi è già capitato di parlare in pubblico sapete quanto sia difficile mantenere alta l'attenzione per un certo periodo di tempo. E se vi è mai capitato di far parte del pubblico, è probabile che abbiate mostrato una certa mancanza di interesse.

Quando non proviamo interesse per una conversazione, una discussione, una riunione, ecc..., il nostro corpo lo dimostrerà. La testa si abbasserà e gli occhi cercheranno qualcos'altro su cui concentrarsi. Potreste anche passare il tempo a levare pelucchi immaginari dai vostri abiti o a scarabocchiare con la penna. Anche la postura è un buon indicatore del livello del vostro interesse, soprattutto se siete stravaccati sulla sedia.

Il linguaggio del corpo può rivelare se siete sinceri o bugiardi

Un saggio una volta ha detto: "Se volete scoprire la verità, dovete analizzare il linguaggio del corpo del vostro interlocutore e non le parole che escono dalla sua bocca."

Le persone che mentono stabiliscono un contatto visivo molto limitato o addirittura lo evitano. Sono nervose e si toccano spesso il volto. Potrebbero anche manifestare dei rapidi movimenti degli occhi, siccome evitano di focalizzarsi su un determinato individuo.

È molto comune che i bugiardi si coprano la bocca con la mano o le dita. Il ritmo della loro respirazione aumenta e il volto e il collo arrossiscono. Anche la sudorazione potrebbe aumentare e la persona potrebbe balbettare o sentire la necessità di schiarirsi spesso la gola.

Il corpo parla prima delle parole

Immaginiamo che dobbiate sostenere un colloquio per un nuovo lavoro. Vi viene posta una domanda difficile e non siete sicuri della risposta. Prima che possiate parlare, il vostro corpo avrà già comunicato tantissime informazioni sulla vostra incertezza. Per esempio, eviterete il contatto visivo mentre riflettete sulla risposta o userete le dita per accarezzarvi il mento o toccarvi una guancia e inclinerete la testa, osservando il soffitto.

Come utilizzare il vostro corpo per esprimere apertura e ricettività

Per mostrare apertura, provate ad assumere una postura rilassata, con le spalle dritte. Ciò dimostrerà al contempo che siete sicuri di voi e a vostro agio. Di tanto in tanto, fate una pausa nel vostro discorso, ciò attirerà l'interesse del vostro interlocutore. Se vi inclinerete verso il vostro interlocutore, il successo dell'interazione sarà garantito.Tuttavia, è importante assicurarsi di non invadere lo spazio personale dell'altro, in quanto ciò potrebbe essere percepito come un'aggressione.

Cercate di mantenere una base di appoggio ampia per inviare un segnale di sicurezza e apertura. Non mantenete le distanze con l'interlocutore perché potrebbe essere considerato un atteggiamento ostile. Evitate di incrociare le braccia, ma tenetele ai lati del corpo o in grembo (segnali di apertura). Se è necessaria una stretta di mano, sceglietene una ferma, evitando però di stritolare la mano dell'altro. Mantenete sempre il contatto visivo, ma fate attenzione a non esagerare (non dovete fissare).

Quando si parla ad un pubblico è importante assumere un atteggiamento aperto. Per esempio, rimuovete gli ostacoli fisici: ciò trasmetterà un senso di vicinanza fra voi e il pubblico. A prescindere da quanto vi sentiate a disagio, non incrociate mai le braccia: rappresenterebbero una chiara barriera.

Dopo quanto detto fin qui, avrete probabilmente compreso che le differenze culturali hanno un'influenza evidente sul linguaggio del corpo. Ciò è ancora più vero quando si tratta di distanze sociali ritenute accettabili. Prima di tutto, c'è lo spazio intimo che è di soli 45 centimetri. Solo i conoscenti più intimi, i familiari e gli amici sono ammessi in questo spazio così ristretto. La distanza personale aumenta da 45 centimetri a uno o due metri quando si conosce una persona nuova. Da questa distanza è possibile stringersi la mano ed eseguire una rapida analisi dell'interlocutore.

La distanza sociale fra uno a sei metri viene comunemente impiegata per interazioni meno personali. Tale distanza è considerata accettabile per le transazioni d'affari e le negoziazioni. In tali situazioni si raccomanda di parlare a voce più alta, mantenendo costantemente il contatto visivo. Ultima, ma non ultima, c'è la distanza pubblica, fra i tre e i sette metri, utilizzata di norma dagli insegnanti o dagli oratori pubblici. A questa distanza, si ricaveranno maggiori informazioni dai gesti compiuti da mani, braccia e testa. Le espressioni facciali di un oratore pubblico non sono così importanti, in quanto non vengono percepite dal pubblico.

Spunti di riflessione
1. Che tipi di gesti utilizzate quando parlate?
2. Qual è l'oratore migliore: quello statico o quello dinamico?
3. Come fa il contatto visivo a garantire una comunicazione riuscita?

Capitolo 8 – Come smascherare una menzogna

Anonimo: "Il linguaggio del corpo dà forma a ciò che sei."

Ogni giorno interagiamo con diverse persone e la maggior parte di loro è sincera. Come si fa a capire quando qualcuno sta mentendo o è disonesto? Beh, è più semplice di quello che crediate. Non dovete fare altro che analizzare il linguaggio del corpo della persona che avete di fronte e prestare attenzione ai piccoli gesti, che sono molto significativi.

Come individuare un bugiardo da lontano

La prima cosa importante da ricordare è che di norma i bugiardi non sono rilassati e calmi, ma piuttosto nervosi e agitati. Il corpo li tradirà, a prescindere dai loro sforzi per nascondere il nervosismo e/o agitazione. Quando una persona non è sincera, inconsciamente si gratterà il naso, si toccherà le orecchie o addirittura nasconderà la bocca con le dita o la mano.

Questo succede perché il corpo percepisce la menzogna come uno stress e userà questi tic nervosi come strategie di adattamento. In generale, tutte queste azioni nervose, come ad esempio il toccarsi il viso, sono segnali che la persona di fronte a voi sta mentendo.

Spalle

A seconda dei casi, ogni parte del corpo può fornirci indizi sulla sincerità o meno di una persona. Per esempio, se le spalle sono incurvate, può significare che la persona in questione si senta in colpa per le sue bugie, che le provocano un disagio immediato. Scrollare le spalle è un gesto che viene usato spesso per esprimere disinteresse oppure quando non sappiamo fornire un'informazione riguardo a un argomento. Tuttavia, una scrollata di spalle parziale è sposso associata all'inganno. Questo gesto viene comunemente visto in coloro che non vogliono rivelare la loro vera opinione su un certo argomento. E sì, questo gesto spesso viene fatto in modo inconscio.

Busto

Se vi siete mai soffermati ad analizzare i celebri oratori pubblici, probabilmente avrete notato che amano spostarsi molto e ci sono quelli che si avvicinano al pubblico per stabilire un contatto con gli ascoltatori. Viceversa, se una persona instaura barriere fisiche e resta fermo sul posto mentre parla, è altamente probabile che stia mentendo. I bugiardi tendono a mantenere una postura statica per tenere a a bada le emozioni. Quindi l'assenza di movimenti del busto può aiutarvi a capire se la persona che avete di fronte sta dicendo la verità.

Braccia

Quando viene coinvolta in una conversazione, la maggior parte della gente usa le braccia per enfatizzare la sua opinione su un argomento. Tuttavia, se le braccia si muovono molto poco, dovreste considerare l'idea di tagliare corto con il vostro interlocutore. L'assenza di movimento delle braccia o, peggio ancora, le braccia incrociate, significano che la persona in questione ha un'opinione diversa da quella che ha espresso a voce alta. Incrociare le braccia è un gesto molto comune fra i bugiardi. Tale posizione viene scelta proprio per evitare di far trapelare informazioni sull'inganno in corso. Si osservi come questa posizione sia in contrasto con quella in cui le braccia sono aperte e i palmi sono rivolti verso l'interlocutore. Quest'ultima è una posizione di completa e totale onestà e significa che la persona in questione è onesta e interessata alla conversazione.

Mani

Le mani sono le parti più complesse del corpo umano e ci aiutano ad esprimere le nostre opinioni, anche quando non avviene una comunicazione verbale. In generale, i gesti delle mani vengono usati per enfatizzare alcuni punti della conversazione e per convincere gli altri della propria opinione. Ma se durante una conversazione il vostro interlocutore evita di usare le mani, non è un buon segno. Potrebbe indicare che la persona sta mentendo spudoratamente o, forse, che non è così interessata all'argomento e sta solo fingendo il suo interesse.

Prestate sempre attenzione alla maniera in cui una persona usa le mani durante una conversazione. Non fatevi ingannare e non scambiate gesti esagerati per interesse, al contrario, questi dimostrano chiaramente che il vostro interlocutore non è poi così coinvolto nella conversazione. Anche i movimenti innaturali sono un brutto segno, come lo sono i pungi serrati o i palmi ripiegati. Sono tutti allarmi rossi, segnali di un finto interesse o reticenza.

Gambe

Spesso non possiamo vedere le gambe della persona (o delle persone) con cui stiamo parlando, ma a volte succede che le gambe del vostro interlocutore siano visibili durante una conversazione. È importante sapere e ricordare che le gambe sono piuttosto difficili da controllare e forniscono molte informazioni utili sulle opinioni del vostro interlocutore. Ad esempio se una persona allarga e distende le gambe è un chiaro segno della sua volontà, più o meno inconscia, di conquistare un territorio più ampio.

Caviglie

Le caviglie incrociate non sono mai un buon segno: suggeriscono che l'altra persona si sente a disagio. Al contempo, possono anche essere un segnale di ansia, a prescindere da quanto rilassata e tranquilla possa apparire la persona in questione.

Piedi

A volte capita di vedere delle persone che agitano i piedi senza interruzione, come se avessero qualcos'altro di più importante da fare. Agitare i piedi è un chiaro segno di impazienza, a prescindere dal fatto che la persona in questione abbia intenzioni ingannevoli o meno. Prestate attenzione anche alla direzione verso la quale puntano i piedi. Se non sono diretti verso di voi, la persona in questione potrebbe avere l'intenzione di ingannarvi di proposito.

Spunti di riflessione

1) Nella vostra vita personale/professionale vi siete mai imbattuti in gesti ingannevoli?

2) Lo spazio personale è una zona di sicurezza, una barriera o entrambe?

3) Avete mai mentito? Se sì, avete notato alcuni dei segnali non verbali menzionati?

Capitolo 9 – Il contatto visivo e il linguaggio del corpo

Anonimo: "Gli occhi sono lo specchio dell'anima."

Abbiamo già stabilito che la comunicazione non verbale è molto importante e fornisce tantissime informazioni sui nostri pensieri ed emozioni. Tuttavia, quando consideriamo il linguaggio del corpo, spesso non prendiamo in considerazione l'importanza del contatto visivo. Come dice chiaramente la citazione a inizio capitolo, gli occhi rappresentano lo specchio della nostra anima e dicono la verità anche quando cerchiamo in tutti i modi di nasconderla.

Cosa significa quando una persona guarda verso l'alto?

Se durante un'interazione con una persona, notate che questa guarda verso l'alto, non preoccupatevi. Tale gesto viene spesso utilizzato quando si pensa a un particolare evento o attività ed è piuttosto comune nei "pensatori visivi". Tuttavia, se la persona in questione è anche accigliata, forse sta giudicando il suo interlocutore.

Gli oratori pubblici spesso guardano verso l'alto durante i loro discorsi o le loro presentazioni ed è un gesto piuttosto comune in situazioni del genere. Significa solamente che stanno richiamando alla memoria la presentazione o il discorso che devono tenere. In genere, se una persona guarda verso l'alto e a sinistra, significa che sta cercando di ricordare un evento del passato. Se invece guarda in alto e verso destra, significa che sta immaginando qualcosa, forse anche una bugia.

A volte lo sguardo verso l'alto può indicare un semplice gesto inconscio di noia. Guardando verso l'alto, la persona sta esaminando l'ambiente alla ricerca di potenziali punti di interesse. Lo sguardo verso l'alto, unito a un leggero abbassamento della testa, è un gesto molto comune nelle persone attratte l'una dall'altra. Abbassare leggermente la testa è un segno di sottomissione, mentre il contatto visivo diretto è un chiaro segnale di interessamento per l'altra persona.

Quali significati nasconde lo sguardo verso il basso?

Iniziamo col dire che lo sguardo verso il basso è un gesto di sottomissione. È come voler dire all'altra persona che non rappresentate una minaccia e che volete stabilire una relazione trasparente. A volte può significare che la persona in questione si sente in colpa. Paradossalmente, alcune persone usano questo gesto per dominare gli altri e dimostrare il loro potere.

Lo sguardo verso il basso e a sinistra è associato alle persone che hanno l'abitudine di parlare da sole. Con la dovuta attenzione, è possibile vedere che le loro labbra si muovono leggermente. Lo sguardo verso il basso e a destra, invece, viene associato all'espressione di pensieri ed emozioni personali.

Lo sguardo verso il basso può essere interpretato in maniera diversa a seconda della cultura di appartenenza. Per esempio, in molte culture dell'Asia il contatto visivo diretto è considerato scortese. Lo sguardo verso il basso, invece, dimostra rispetto per la persona che si trova davanti a voi.

E gli sguardi trasversali?

Lo sguardo trasversale è uno dei gesti più chiari che una persona può compiere nel momento in cui si annoia. In pratica, la persona in questione sta cercando nuovi punti di interesse e quindi guarda di traverso. Possiamo guardare verso destra o verso sinistra, per determinare da dove giunge una determinata distrazione. In realtà, si tratta di un istinto ancestrale: il cervello tenta di determinare se c'è una minaccia nei paraggi o se sta per succedere qualcosa di interessante.

In alcune situazioni, lo sguardo trasversale può significare che la persona in questione è irritata. Anche la direzione dello sguardo è importante. Gli studi hanno dimostrato che lo sguardo verso sinistra è associato alla volontà di ricordare un certo suono, mentre lo sguardo verso destra viene utilizzato quando si cerca di immaginare quel suono.

I movimenti laterali degli occhi possono rivelare molto su di voi

I movimenti laterali degli occhi comprendono i movimenti da parte a parte e sono diversi da quelli trasversali. Questi movimenti si notano spesso nei bugiardi patologici, soprattutto quando cercando di uscire da una determinata situazione. Le persone che parlano di segreti o di temi confidenziali usano spesso questo movimento degli occhi che denota elusione e il timore di essere ascoltati.

Lo sguardo fisso e l'occhiata

Fissare qualcuno è un gesto molto comune e lo utilizziamo regolarmente. Se una persona ne fissa un'altra per un periodo prolungato di tempo può significare che ne è innamorata. Se lo sguardo si fissa su tutto il corpo può denotare desiderio, se invece si concentra sulle parti intime è un chiaro segno di interesse sessuale.

È anche un gesto molto comune fra le persone che rappresentano un'autorità e spesso viene usato per convincere gli altri a prendere una certa decisione. Normalmente si tratta di uno sguardo breve, ma con un livello di intensità molto alto. Sotto un altro punto di vista, fissare è un'azione che viene inconsciamente evitata dai bugiardi, perché più a lungo mantengono il contatto visivo e più colpevoli si sentiranno. L'occhiata invece è un'azione breve per definizione e, a seconda delle situazioni, può denotare: desiderio, preoccupazione, interesse per qualcosa di vietato, attrazione e perfino disapprovazione.

Il contatto visivo è una forma di comunicazione?

Arrivati a questo punto, probabilmente saprete già la risposta a questa domanda. Ancora una volta, a seconda della situazione e delle persone coinvolte in questo particolare tipo di scambio, il contatto visivo può suggerire interesse per qualcosa o qualcuno, amore e perfino il desiderio di dominazione.

Nella maggior parte delle situazioni, non siamo consapevoli dell'istante esatto in cui stabiliamo un contatto visivo. È sufficiente provare interesse per ciò che l'altra persona sta dicendo e il contatto visivo avverrà naturalmente di conseguenza. Tuttavia, una delle cose più difficili da fare è di mantenere il contatto visivo per un periodo prolungato di tempo (la maggior parte delle persone preferiscono un contatto visivo breve, da cui è più semplice districarsi senza sentirsi a disagio).

Più il contatto visivo è prolungato e più ci sentiremo minacciati. La maggior parte delle persone, quando stabilisce un contatto visivo, tenderà a interromperlo di tanto in tanto, come forma di protezione istintiva. Ciò non di meno, è necessario prestare sempre attenzione al significato che reca quest'azione, perché potreste finire con l'insultare qualcuno. Solo nelle situazioni in cui c'è un interesse romantico fra due persone è accettabile interrompere il contatto visivo. Da un punto di vista totalmente diverso, vale la pena ricordare che le persone insicure, in genere, tendono a evitare il contatto visivo. Inoltre, anche le persone che non vogliono essere persuase dagli altri ricorreranno a un comportamento simile.

Spunti di riflessione

1) Quali misure possono essere adottate per ridurre lo stress associato a un contatto visivo prolungato? (Consiglio: non guardate la persona direttamente negli occhi, guardate piuttosto il ponte nasale)

2) Fissare qualcuno è una forma di aggressione o può significare qualcos'altro?

3) I bambini sono più inclini a mantenere il contatto visivo oppure no? (Prestate attenzione all'impatto culturale della questione)

Capitolo 10 – La percezione dello spazio personale

Robert Sommer: ""Lo spazio personale è un'area dai confini invisibili che circonda il corpo di una persona e nella quale gli intrusi non possono entrare."

Abbiamo spesso sentito parlare dello spazio personale e di quanto sia importante che gli altri lo rispettino. In uno dei capitoli precedenti abbiamo discusso delle diverse zone di spazio, le distanze che queste comportano e del loro significato generale. In questo capitolo analizzeremo il concetto di spazio personale da un punto di vista diverso. La prima cosa da ricordare è che ognuno di noi ha una concezione diversa dello spazio personale e che molto raramente coincide con quella delle altre persone.

Che cosa intendiamo per spazio personale?

Per scoprire la risposta a questa domanda, pensiamo un attimo agli animali. È sorprendente scoprire che tutti gli individui richiedono il loro spazio personale, a prescindere dalla specie e dall'ambiente in cui vivono. Infatti, la maggior parte degli animali su questo pianeta sarà pronta ad attaccarvi se invadete il suo territorio. Anche se possono sembrare aggressivi, in realtà stanno solo proteggendo il loro spazio personale (che voi avete invaso per primi).

Gli esseri umani possiedono un'intelligenza superiore a quella di qualunque altra specie sul pianeta. Tuttavia, anche a noi preme proteggere il nostro spazio personale come fanno gli animali. Accettiamolo. Da che abbiamo memoria, siamo cresciuti con l'abitudine di marcare il nostro territorio, usando confini, recinzioni e altri elementi delimitativi. Creiamo con facilità delle barriere fisiche, ma spesso lo spazio personale non riguarda questo aspetto. C'entrano maggiormente quei confini invisibili che creiamo, come sottolinea la citazione di Robert Sommer.

Tuttavia, lo spazio personale non è uguale per tutte le persone. A seconda del rapporto e dell'intimità che abbiamo con una determinata persona, saremo più o meno propensi a permettere un'intrusione nel nostro spazio personale. Ad esempio, se non ci piace il nostro interlocutore o non ci piace ciò che sta dicendo, innalzeremo maggiormente le difese e non permetteremo all'interlocutore di intromettersi nel nostro spazio personale.

Raramente accogliamo gli sconosciuti nel nostro spazio personale, perché il livello di disagio che tale contatto crea è troppo forte. Spesso, quando non vogliamo che gli altri invadano il nostro spazio personale, inviamo dei segnali molto chiari e, ad esempio, evitiamo il contatto visivo.

Perché lo spazio personale è così importante?

Molti esperti hanno definito lo spazio personale una "bolla" e per buoni motivi. Avete mai notato quanto è confortevole e piacevole stare nella propria bolla? Invece, quando è necessario uscirne e interagire con persone nuove, diventiamo immediatamente nervosi, ansiosi e ci sentiamo a disagio. È necessario del tempo per superare quei confini invisibili e soprattutto un bello sforzo da parte della persona per stabilire tale connessione. Inoltre, la transizione da una zona all'altra è graduale, nessuno può aspettarsi di passare dalla zona sociale a quella intima nel giro di pochi giorni.

Un luogo affollato può insegnarvi molto sull'importanza dello spazio personale

Immaginiamo una mattina qualunque in una capitale affollata. La gente deve andare al lavoro e per farlo molti si affidano al trasporto pubblico. La metropolitana è uno dei mezzi di trasporto più utilizzati e questo è il motivo per cui è così affollata di mattina. Se volete ottenere informazioni sull'importanza dello spazio personale, prendete la metropolitana di mattina (durante le ore di punta) e osservate attentamente.

Nei luoghi affollati è molto difficile mantenere uno spazio personale confortevole. Spesso, a causa del limitato spazio a disposizione, è possibile che una o più persone invadano il vostro spazio personale. Tuttavia, gli esseri umani sono dotati di un'incredibile capacità di adattamento e sanno trovare diversi modi per sopravvivere ed evitare il contatto umano quando questo è indesiderato.

Dando un'occhiata al vagone, vi renderete conto che nessuno è interessato a stabilire un contatto visivo. In secondo luogo, non vedrete persone che esternano le loro emozioni o che gesticolano. Infatti, molte delle persone che viaggiano regolarmente in metropolitana sembrano non avere espressione sul volto. I movimenti fisici vengono evitati, non solo per la mancanza di spazio, ma anche per evitare di invadere lo spazio personale di qualcun altro. Ultimo aspetto, ma non meno importante: molti viaggiatori fingeranno di essere impegnati a leggere o passeranno il loro tempo sul cellulare.

Portate una persona amica a pranzo e testate i limiti del suo spazio personale

È molto interessante provare quest'esperimento perché vi rivelerà informazioni affascinanti sulla concezione che ha il vostro/a amico/ del suo spazio personale e su come reagirà ad eventuali intrusioni.

Di norma il sale, il pepe e gli elementi ornamentali vengono posizionati al centro della tavola. Una volta seduti a tavola e ingaggiata una conversazione, provate a spingere con discrezione tali oggetti verso il vostro/a amico/a. Ad un certo punto, scatenerete una reazione nel vostro interlocutore: o appoggerà la schiena allo schienale della sedia, ritraendosi e ristabilendo il suo spazio personale, oppure contrattaccherà, riposizionando quegli oggetti al centro del tavolo.

C'è altro da ricordare sullo spazio personale?

Forse una delle cose più importanti da ricordare è l'influenza delle differenze culturali sugli spazi personali. È fondamentale comprendere che la concezione dello spazio personale può differire profondamente da una cultura all'altra. Pensiamo a un americano e un giapponese. Inoltre, è necessaria una certa sensibilità culturale per poter entrare nello spazio personale di qualcuno.

Spunti di riflessione

1) Come si respinge un'intrusione nel proprio spazio personale?

2) Lo spazio personale si può adattare a determinati ambienti e situazioni?

3) Lo spazio personale è più ampio nelle persone naturalmente timide?

Conclusione

Utilizziamo il linguaggio del corpo in maniera inconsapevole, ma questo non significa che non possa trasmettere molte informazioni su ciò che pensiamo e proviamo. Come avete appreso in questo libro, il linguaggio del corpo viene usato in quasi tutte le comunicazioni fra esseri umani. Esso comprende le espressioni facciali, gesti comuni e meno comuni e un'ampia gamma di posture allusive.

Dopo la lettura, avrete probabilmente compreso che le nostre emozioni e i nostri pensieri vengono vividamente espressi attraverso segnali non verbali. A volte non siamo in grado di notare questi segnali a causa delle differenze culturali. In tali situazioni è fondamentale essere consapevoli delle differenze culturali, ciò ci permetterà di metterci nei panni delle altre persone.

Usiamo i gesti per dire agli altri che ci piacciono e che sono i benvenuti nel nostro spazio personale. Al contempo, abbiamo a disposizione un'ampia gamma di gesti riservati a coloro che non ci piacciono e che non desideriamo nel nostro spazio personale. Come avrete capito, la stretta di mano non è solo un gesto di saluto, considerati i molteplici significati che può acquisire. Il sorriso e la risata ci assicurano un'interazione riuscita, perché suggeriscono che ci sentiamo a nostro agio in una certa situazione.

Ricordate sempre che il vostro corpo ha una voce e che è possibile educare questa voce affinché trasmetta le giuste informazioni. Non abbiate timore di approfondire gli aspetti della comunicazione ingannevole per riconoscere i segnali non verbali utilizzati dalle persone che mentono. Rispettate lo spazio personale delle altre persone e mantenete il contatto visivo quando siete interessati a qualcuno.

Parte 2

Introduzione al linguaggio del corpo

Avete mai desiderato di poter leggere nel pensiero di qualcuno? Magari, osservando una stanza affollata, vi siete chiesti che cosa stesse pensando quella personalì, in fondo.Oppure, vi siete sforzati di capire che cosa stessesuccedendo a quel vostro amico, quando vi diceva che andava tutto bene, ma voi sapevate chequalcosa non andava. A tutti capita di voler comprendere le reazioni emotive delle persone in modo piùprofondo, più istintivo.

Sebbene sia impossibile leggere nel pensiero, lo studio del linguaggio del corpo rappresenta quello che più ci si avvicina.Si può capire tantissimo del modo di pensare o sentire di una personastudiando come essa si muove, osserva e si comporta: tutto può essere indicativo, dal sorriso più timido allo sguardo più ostile.Qualsiasi cosa una persona faccia costituisce un'istantanea di quello che sente in un dato momento; ogni azione e gesto riflette quello che provaintimamente. Una volta compreso il proprio obiettivo, questi segnali possono svelare un modo tutto nuovo di interagire con gli altri, oltre a fornire una maggiore conoscenza della loro individualità.

Nei capitoli a seguire, esamineremo una serie di elementi, da come capire se una persona sta mentendo, ai segreti dell'attrazione sessuale e del desiderio; analizzeremo lo stress e l'ansia, ma anche la rabbia e l'aggressività. Tutto ciò che tratteremo vi aiuterà a decifrare le persone e vi insegnerà a modificare i vostri segnali, in modo da comunicare in modo più chiaro, usando questo linguaggio non verbale al massimo del suo potenziale.

L'arte della menzogna

Uno dei motivi principali per cui le persone usano l'interpretazione del linguaggio del corpo è per capire se qualcuno sta mentendo o dicendo la verità. È quello che si vede spesso in televisione, soprattutto nelle serie poliziesche, quando gli investigatori capiscono se qualcuno mente solo osservandolo. Naturalmente questo accade solo in TV; tuttavia, esiste un fondo di verità in questa tattica e, se si sa qual è l'obiettivo, si può sicuramente attingere a questo talento.

Esistono diversi esempi di questa pratica nella vita quotidiana, come quando un amico dice che è tutto a posto, ma voi sapete che c'è qualcosa che non va, o si dà malato al lavoro, quando in realtà andrà a giocare a golf nel pomeriggio, o quando i giocatori di poker lasciano trasparire un *tell* che li tradisce quando stanno bluffando. E poi, ovviamente, chi ha più talento di una madre che capisce subito quando i suoi figli dicono una bugia?

Passiamo a osservare alcuni dei metodi più comuni per riconoscere una menzogna.Leggere questa guida non farà di voi degliinvestigatori perfetti, degli esperti di poker o delle super mamme, ma può aiutarvi ad affinare le capacità di scoprire la verità in un mondo pieno di piccole bugie bianche.
Uno dei segnali più evidenti e facili da riconoscere è l'interruzione del contatto visivo, soprattutto quando si rivolge lo sguardo verso il basso. Difatti, si parla spesso di "occhi sfuggenti" o semplicemente di "persona sfuggente", poiché questo comportamento può facilmente destare il sospetto che quello che viene detto non è del tutto vero. Secondo me, il motivo per il quale questo segnale è così riconoscibile è perché, quando qualcuno stabilisce un contatto visivo diretto, generalmente trasmette sicurezza e affidabilità, al contrario di quando si cerca di nascondere qualcosa o quandodirettamente si dice una bugia. Unaltro motivo per cui questo segnale può costituire un campanello d'allarme è

perché, quando qualcuno mente, di solito si inventa una storia e cerca di pensare a cosa dire. Quando si pensa e si elabora un'idea, normalmente sidistoglie lo sguardo.

Per ampliare questo ragionamento, possiamo osservare come, quando qualcuno mente, spesso guarda verso l'alto e verso sinistra: questo indica che sta usando la parte creativa del cervello e, dunque,sviluppando l'immaginazione.Quindi, se qualcuno non mantiene il contatto visivo e guarda in alto e a sinistra, è un forte segnale che fa supporre che non è sincero.È affascinante, perché è possibile capire quale parte del cervello viene usata e associarla a un certo comportamento, come la mancanza di sincerità.

Un altro segnale da notare è se qualcuno si tocca o si tira le orecchie: può essere un gesto di indecisione o essere collegato alla falsità. Quando si mente, si è spesso nervosi o inquieti, soprattutto se la bugia è grossa: dunque, non si sa dove mettere le mani. Attenzione, però: può anche trattarsi semplicemente di un tic nervoso, quello di toccarsi o giocare con le orecchie, che può estendersi a una maggiore tendenza generale a toccarsi il volto. Al contrario, gesticolare con i palmi delle mani aperti e toccarsi il petto (specialmente vicino al cuore) sono segni di sincerità e onestà.

Un segnale che coinvolge l'intero volto è il sorriso. Ci sono due tipi di sorrisi: il sorriso falso e quello sincero. Una differenza è che un sorriso sincero interessa tutto il volto, compresi gli occhi, e può essere accentuato sul lato destro; un sorriso falso non arriva agli occhi e può essere simmetrico, o spostato sulla parte sinistra del viso. Provate a guardarvi allo specchio e vedere se riuscite a notare la differenza, ed esercitatevi anche con le foto, per provare a capire se un'espressione risulta posata o simulata. Ecco perché solitamente siamo più attirati dalle foto spontanee: le emozioni, e in particolare i sorrisi, sono più genuini e autentici. Questo non significa che le persone ritratte nelle fotografie più tradizionali siano necessariamente false, ma stanno forzando un'emozione (come quando qualcuno invita a dire "*cheese*"), piuttosto che lasciandolainsorgere in modo naturale e libero.

Altri segnali piuttosto evidenti di un'insincerità sono incrociare le braccia o collocare un oggetto davanti a sé.Tale atteggiamento a volte può essere visto come difensivo, così come le azioni compiute per bloccare o proteggersi indicano che si sta nascondendo qualcosa. Soprattutto se si tratta di un improvviso cambio nella postura, ad esempio spostarsi per incrociare le braccia o interporre maggiore spazio, se non addirittura un oggetto fisico, tra sé e la persona che è vista come un accusatore (e da cui si cerca di sfuggire in qualche modo), è probabile che la persona non sia sincera. Inoltre, quando qualcuno si volta completamente, si può in genere supporre che ci siauna mancanza di sincerità: può, infatti, costituire un meccanismo di difesa per proteggere la verità,o se stessi, in modo da evitare di essere smascherati.

A volte, alcune persone incurvano le spalle portando le braccia vicino ai fianchi. Tali segnali possono rappresentare un tentativo di far apparire la loro persona più piccola o meno appariscente, specialmente quando nascondono qualcosa o cercano di evitare di attirare troppa attenzione. Questo vale specialmente quando la bugia è grossa o la persona custodisce gelosamente qualcosa.A tutto ciò si associa una rigidità facciale e corporale, generata da un senso di disagio. Alcune persone sono così di natura, main chi non è solitamente impacciato, questo linguaggio del corpo diventa improvvisamente manifesto e dimostra che nasconde qualcosa o non dice la verità.

Gli esempi più estremi di come può manifestarsi l'insincerità attraverso segnali fisici sono il respiro sonoro, il pallorenel viso o nelle mani e/o le narici dilatate. Tali segnali evidenti possono essere un preoccupante indicatore del fatto che c'è un problema piuttosto grave in ballo. Solitamente, questo si verifica a causa di

una bugia o un segreto custodito da tempo, che sta consumando psicologicamente la persona.
Anche se il linguaggio del corpo si riferisce principalmente alla postura e al comportamento, sono dell'avviso che possa essere esteso al modo di parlare e in generale a tutte le emissioni vocali.Alcuni esempi sono le risposte brevi, il balbettare imbarazzato o l'uso frequente di parole vuote come "cioè" o "ehm": probabilmente, questo si verifica quando si è nervosi e ci si impappina con le parole.
All'estremo opposto ci sono quelli che usano più parole del necessario per spiegare qualcosa.Ciò dipende molto dalla tipologia di persona: alcuni sono amanti dei dettagli e si soffermano su descrizioni minuziose quando devono dire o raccontare qualcosa. In questo caso, non è detto che stiano mentendo.Tuttavia, bisogna fare attenzione quando qualcuno che solitamente non entra nel dettaglio all'improvviso inizia a usare un sacco di parole: in generale, quando una persona cambia improvvisamente personalità,

consideratelo un campanello d'allarme da non sottovalutare.

Mentire costituisce un'azione molto complessa, che presenta vari livelli e gradi di gravità. Dalla bugia più banale (il classico "il cane mi ha mangiato i compiti") alle menzogne più distruttive (il tradimento di un partner), tutti vogliono custodire i loro segreti per essere certi di non essere smascherati. Il più delle volte, faranno di tutto per proteggersi. Seppure sia impossibile fornire un quadro esaustivo attraverso uno studio del linguaggio del corpo, c'è, invece, moltissimo da imparare dall'osservazione delle persone e delle loro interazioni nella vita quotidiana.

Naturalmente ci sono vari modi di utilizzare queste informazioni nella vita di tutti i giorni. Se siete, ad esempio, un datore di lavoro che ha a che fare con un dipendente ritardatario che vi rifila sempre la solita scusa o giustificazione, iniziate a chiedervi se suo figlio è davvero malato (per la terza volta in un mese), o se ha davvero bucato mentre veniva al lavoro. Se si mette a raccontarvi di come si presentava l'asfalto, di quale lato della macchina era interessato e tutta una serie di dettagli sul procedimento del cambio della gomma, avete ragione di sospettare che non sia sincero al cento percento. In realtà, gli basterebbe dire: "ho bucato"; ma, per far risultare davvero credibile la storia, perderà un sacco di tempo a inserire una serie di dettagli superflui.

Ognuno di questi segnali può essere considerato un indizio della non sincerità di qualcuno: poi sta a voi, naturalmente, sapere come reagire in ogni circostanza, in base anche a quello che voi credete sia l'eventuale oggetto di menzogna. Senz'altro, questa nuova competenza vi aiuterà a osservare gli altri più attentamente e a captare i segnali più nascosti nelle diverse situazioni.

I segreti della seduzione e dell'attrazione sessuale

Probabilmente il secondo motivo per cui lo studio del linguaggio del corpo desta tanto interesse è la sua connessione all'ambito dell'attrazione sessuale e delle relazioni sentimentali.Ultimamente, questo temaha riscosso parecchio successo, tanto da essere stato oggettodi alcuni programmi televisivi, telegiornali e articoli di giornale.A seguire, approfondiremo alcuni dei diversi comportamenti e azioni che possono evidenziare l'interesse verso un'altra persona, specialmente quello romantico o sessuale.

Molto spesso si parla di "chimica" o di "scintilla" per descrivere un sentimento verso un'altra persona: in realtà, queste espressioni si riferiscono a un'interpretazione del linguaggio del corpo dell'altro sulla base dell'istinto.Chi descrive questa sensazione, afferma che si tratta di sentirsi a proprio agio, spontanei e liberiquando si è con una persona. Non è un elisir d'amore; semplicemente, l'attrazione fisica, il linguaggio del corpo e il modo di interagire creano quest'effetto. Alcuni di questi segnali sono quasi impercettibili e richiamano alla memoria i primi amori adolescenziali. Si manifestano tutti nelle relazioni sentimentali, soprattutto nelle prime fasi dell'attrazione e del desiderio.Uno di questi lo riconosciamo quando qualcunostabilisce il contatto visivo, per poi distogliere lo sguardo quando l'altro ricambia: nelle relazioni tra adulti può non risultare tanto ovvio o diretto, ma in realtà si rifà agli stessi meccanismi delle cotte adolescenziali, con annesse timidezze e insicurezze. Normalmente, è l'individuo più aggressivo o dominante a stabilire per primo questo tipo di contatto, anche inconsciamente.A quel punto, gli sguardi si incontrano, fino a quando uno dei due non sposta lo sguardo, interrompendo il contatto. Questo scambio può proseguire per tutto il corso della giornata o per un periodo di tempo più lungo, ogniqualvolta i due si trovano insieme.Anche se può sembrare un segnale fin troppo evidente, in realtà, può essere messo in atto in maniera velata, tale da far dubitare che non si tratti solo di una coincidenza.

Il contatto visivo, infatti, è uno degli elementi chiave dell'attrazione sessuale. Normalmente sifissa o si osserva in modo ripetuto qualcuno, o qualcosa, che si desidera, il che accade in modo analogoin altre circostanze. Nel caso dell'attrazione tra due persone, però, è particolarmente evidente: gli occhi gravitano intorno alla persona che è oggetto dell'interesse.

Un altro elemento da notare è la dilatazione delle pupille. Quando vediamo qualcosa che ci piace (o qualcuno, in questo caso), le nostre pupille si dilatano: è un segnale quasi impercettibile. Gli umani sono naturalmente attratti da occhi grandi e benevoli, piuttosto che da pupille rimpicciolite (che abbiamo quando guardiamo una luce più intensa). Per fare un altro esempio, la luce delle candele piace a tutti per molti motivi, ma,secondo me, unadelle ragioni più nascoste (oltre al fatto che i difetti fisici risultano meno visibili e, quindi, le persone si sentono più a loro agio) è che, con una luce più fioca, le pupille si dilatano in modo da assorbire quanta più luce possibile, rendendo la persona più affascinante.

Un segnale positivo è, più in generale, un'apertura maggiore degli occhi. È un tratto particolarmente evidente e influente quando riguarda le donne: gli occhi spalancati possono, infatti, essere interpretati come un atto di sottomissione, che genera negli uomini un istinto naturale di protezione, considerato molto attraentedalle donne. Può costituire, dunque, una tecnica di seduzione femminile molto efficace.

Un altro dettaglio da considerare è il modo di osservare il corpo dell'altra persona: quando un uomo è attratto da una donna, la guarda negli occhi, scende con lo sguardo sui fianchi e rimane sul busto. La donna, invece, quando è interessata a un uomo, lo osserva dall'alto al basso,per tornareinfine sul volto: insomma, la classica occhiata veloce.

Possiamo anche notare che si tende ad assumere un atteggiamentocompiacente quando si interagisce con qualcuno che ci interessa, ad esempio, annuendo e sorridendo. Si annuisce per mostrare approvazione e interesse mentre l'altro parla, anche se non si tratta di coinvolgimento sentimentale. Si può rilevare questo tipo di atteggiamento quando si ha un qualsiasi interesse verso qualcuno, che sia esso platonico o di altro tipo; tuttavia, può risultare più accentuato quando si è a contatto con una persona da cui si è attratti, verso la quale ci si sforzerà di dimostrare il proprio interesse.

Un altro segnale evidente è quando ci si protende leggermente verso l'altro mentre sta parlando: anche questoè un elemento rilevante non solo nelle relazioni sentimentali.Inoltre, quando si ascolta qualcuno con interesse, si inclina leggermente la testa su un lato: nell'ambito delle relazioni sentimentali, si dice che questo elemento sia collegato all'atto del bacio, durante il quale si piega la testa in modo simile. È un perfetto esempio di come il linguaggio del corpo, anche in modo velato, possa raccontare

molto delle sensazioni più intime di una persona.
Nel campo dell'attrazione e del desiderio sessuale, molte persone tendono a mostrarsi timide e riservate nell'interazione: questi piccoli gesti e indizi, tuttavia, resistono ai propositi più logici e razionali, in quanto rivelano i veri sentimenti. Dunque, costituiscono un modo di mettere alla prova l'interesse di una persona, poiché permettono di interpretare i suoi reali pensieri e sentimenti.
Le mani sono un altro elemento che può fornire un'indicazione del livello di attrazione di qualcuno. Le donne sono solite giocare con i capelli e arrotolarsi le punte con le dita: questo può denotare insicurezza, ma può anche essere usato come strumento di seduzione.I capelli sono un elemento molto sensuale in una donna, che, giocandoci, può enfatizzare questa caratteristica, considerata attraente dagli uomini. Ovviamente, come per quasi ogni cosa, se è eccessiva diventa una distrazione o

smorza l'interesse, poiché dà l'impressione di una persona agitata o nervosa. Inoltre, sia negli uomini che nelle donne, mostrare i palmi aperti esprime sottomissione, onestà e trasparenza. Invece, una donna che mostra i polsi trasmette un'elevata carica sessuale, essendo il polso una zona erogena estremamente sensibile. Esporli manda un chiaro segnale di attrazione; può essere un gesto quasi impercettibile, come, ad esempio, appoggiare in modo casuale le braccia sul tavolo con i polsi rivolti verso l'alto.

Altre manifestazioni di attrazione riguardano tutto il corpo: un esempio è la postura. Quando la persona che ci piace capita nelle vicinanze, distendiamo la schiena per mostrarci "sull'attenti", facciamo un respiro e portiamo le spalle indietro per risultare vigili e attivi. Probabilmente, lo facciamo anche per tirare indietro la pancia e apparire più slanciati; quelli che non credono nel dimagrimento localizzato non hanno mai visto un uomo ritrarre la pancia da birra appena passa una bella donna!

Se ci fate caso, quando qualcuno è attratto da un'altra persona, trova sempre un modo (a volte anche scuse molto creative) per trovarsi il più vicino possibile a quella persona. Può esserciun contatto fisico, anche in modo scherzoso, se i due hanno abbastanza confidenza: quando flirtano o si punzecchiano,la donna generalmente tira schiaffi o spintona l'uomo per gioco.In particolare, toccargli l'avambraccio può essere considerato un segno istintivo di simpatia e attrazione.

Un modo per ridurre la distanza tra due persone è inclinarsi in avanti e parlare a bassa voce per far avvicinare l'altro. La donna si inclina leggermente all'indietro e sporge il bacino in avanti: visto che spesso risulta quasi impercettibile, magari si appoggia a una superficie come, ad esempio, un bancone, per aumentare il sex appeal, assumendo così una postura molto provocante, senza essere troppo diretta. Invece, un segnalepiù evidente è quando una donna porta indietro le spalle e spinge il petto in fuori.

Anche gli uomini possono avere degli atteggiamenti provocanti o vanitosi.Il loro modo di parlare o la postura può cambiare in base a chi è con loro, il che, spesso, si può tradurre nei due estremi: o si mostrano nervosi e impacciati o, all'opposto, risultano fin troppo sicuri di sé e, addirittura, spavaldi.

Spesso, le persone si rivolgono fisicamente nella direzione della persona desiderata, sia con il busto, che con la testa, gli occhi, ecc. Un segnale, soprattutto maschile, è avere i piedi orientati nella direzione dell'oggetto dell'interesse. In generale, rivolgiamo i piedi nella direzione verso cui vogliamo andare, sia essa una direzione concreta che una relativa ad altre persone.Questo non vuol dire che se vi spostate o vi allontanate, chi è interessato a voi vi seguirà ovunque, ma una tendenza generale di questo tipo può essere considerata un sintomo di attrazione: come, ad esempio, quando spostiamo il corpo verso una persona mentre siamo seduti su un divano, o quando ci sono varie persone disposte in cerchio e noi abbiamo il corpo, e soprattutto i piedi, rivolti verso una persona. Naturalmente, non può essere considerato un elemento significativo se si tratta di un atteggiamento abituale e non di un evento eccezionale.

Anche il modo di parlare gioca un ruolo importante. Così come per le menzogne, il linguaggio del corpo può interessare anche il modo d'esprimersi: quando siamo a distanza ravvicinata con l'oggetto del nostro desiderio, a volte ci impappiniamo a parlare, oppure usiamo un numero maggiore di parole superflue perché siamo agitati o nervosi.Inoltre, a volte siamo più concentrati sulla nostra bocca quando parliamo con l'altro, quindi ci lecchiamo o mordiamo le labbra più spesso. Anche qui, riconosciamo una connessione con l'atto del bacio, visto che può indicare che vogliamo o stiamo pensando, anche inconsciamente, a baciare quella persona.

Una volta assimilati tutti questi indicatori dell'attrazione sessuale, interpretare questi segnali può risultarestraordinario nella vita quotidiana e nelle interazioni con persone dell'altro sesso. Queste osservazioni possono sicuramente aiutarvi nelle (potenziali future) relazioni per riconoscere chi è interessato a voi, o per fornirvi dei trucchetti segreti per comunicare il vostro interesse a qualcuno.

D'altro canto, l'errore più grande che possiate fare è soffermarvi troppo ad analizzare ogni situazione per cercare di individuare ogni minimo segnale che possa dirvi se piacete a qualcuno. Questi pensieri possono solo farvi ammattire e riempirvi di insicurezze; la cosa migliore è mostrare sicurezza, soprattutto se pensate di piacere a qualcuno. La fiducia in se stessi è sempre il miglior afrodisiaco e una delle caratteristiche fondamentali che uomini e donne cercano in un compagno.

I segnali d'allarme della rabbia e dell'aggressività

È fondamentale prestare particolare attenzione al linguaggio del corpo quando notiamo che la persona mostra segni di nervosismo, frustrazione o, addirittura, aggressività. Siate prudenti quando vi trovate a contatto con qualcuno che manifesta questo tipo di comportamento. Molte persone mostrano dei segnali del corpo eloquenti anche prima di diventare polemici o arrabbiati verbalmente: osservare questi segnali è uno strumento molto utile, soprattutto in situazioni difficili, per accorgersi in anticipo di un pericolo.

Iniziamo con una serie di segnali che indicano una lieve frustrazione o rabbia: le persone, in particolare gli uomini, si passano le mani tra i capelli. In questo caso, però, non si tratta della stessa azione descritta nel capitolo sull'attrazione, in cui abbiamo parlato di come le donne si aggiustano o giocano con i capelli in modo provocante; qui, è un gesto più energico e brusco, quasi volto a mettere in atto l'espressione di "strapparsi i capelli". Ovviamente non si strappano davvero i capelli, ma è come se realizzassero una specie di simulazione del modo di dire.Questo sentimento si avvicina più alla frustrazione che all'aggressività vera e propria, ed è particolarmente evidente nel contesto di una discussione o un litigio, quando l'altra persona costituisce l'oggetto delle emozioni negative.

Una persona che picchietta o tamburella con le dita sul tavolo è un tipico esempio di un segnale che indica frustrazione, irritazione, o anche impazienza, come se fosse in attesa di qualcosa o di qualcuno.Questo, però, può spesso tradursi in rabbia, o in altre forme di aggressività più preoccupanti. Un altro segnale, sottile ma importante, è il pugno chiuso: lo vediamo quando una persona stringe i pugni, per poi riaprirli, oppure li mantiene serrati.Spesso, si può notare anche un tremolio del pugno o del corpo, se la persona è davvero agitata; può costituire il segnale iniziale di un brutto litigio in arrivo, poiché può essere indotto dall'adrenalina o da altri ormoni che alimentano questo tipo di reazioni. Può, infine, sfociarein colpi con le mani sui tavoli o su altri oggetti.

Lo stesso tipo di reazione porta le persone a prendere a pugni i muri, dare calci agli oggetti, lanciare oggetti e rompere vetri, solo per sfogare la rabbia repressa; il che non costituisce certo una giustificazione, né rende questi comportamenti accettabili. Al contrario, è solo una persona che sceglie di reagire male. In realtà, c'è un insieme complesso di meccanismi che si celano sotto la superficie, per cui è ancora più importante fare attenzione a questi segnali e prendere le distanze dalle persone che li manifestano, dato che un confronto immediato raramente riuscirebbe a risolvere il conflitto.

Anche dagli occhi si può capire molto, quando si cercano segni di frustrazione o aggressività. Chi si trova in una condizione mentale di aggressività spesso fissa una persona, non nello stesso modo descritto nella sezione dedicata all'attrazione, ma piuttosto con uno sguardo fisso dall'alto al basso. Questa persona vuole essere considerata dominantee in una posizione di controllo durante lo scambio, sia esso una conversazione, una discussione o uno scontro fisico. Non deve esserci necessariamente un confronto verbale: anche tra tante persone in una stanza, l'individuo aggressivo squadra tutti guardandoli dall'alto verso il basso. Questo squadrare può anche voler indicare che la persona si sente già dominante o potente e vuole assicurarsi che anche gli altri se ne rendano conto.

La cosa interessante è che gli altri reagiscono a questo tipo di atteggiamenti arroganti; non sempre ne sono contenti, ma, in qualche modo, provano un naturale timore o rispetto verso quella persona, e probabilmente non riescono a spiegarsi perché. Se conoscete i vostri obiettivi, sareteIn grado di identificare questo tipo di persone più facilmente. Vi sarà fornito anche un nuovo strumento per analizzare gli eventipiù razionalmente, soprattutto quei comportamenti che vi sono risultati irritanti finora. È come quando capisci che il bullo delle elementari in realtà aveva una serie di problemi irrisolti: riesci a farti scivolare le cose addosso con più facilità quando hai una visione più chiara della situazione. (Attenzione: chiedi consiglio a un esperto prima di intervenire in un caso di bullismo).

Una persona arrabbiata o aggressiva ha spesso il volto arrossato: è un segno piuttosto evidente del fatto che qualcosa non va e che a quella persona "sta salendo il sangue al cervello". Questo rossore può manifestarsi sul viso e/o sul petto e deve invitarvi a stare alla larga!

Le espressioni facciali sono i segnali più ovvi. Una persona aggressiva, o in atteggiamento aggressivo, presenta spesso un insieme di espressioni facciali tipiche: fronte aggrottata, labbra contratte, smorfie e ghigni che possono essere velati e leggeri, fino a diventare talmente ovvi che la persona non prova neanche a mascherarli. Queste espressioni, a volte, sono involontarie, mentre, al contrario, possono essere talvolta enfatizzate per ottenere qualcosa. Se si sta cercando di intimidire qualcuno, verranno usati questi atteggiamenti e gesti a proprio vantaggio; altrimenti, queste reazioni scaturiscono in modo più naturale quando la persona è in uno stato d'animo ribelle o rabbioso.

Un altro segnale aggressivo è il mento rivolto nella direzione della persona che è oggetto dell'arrabbiatura, che può sporgersi in fuori e puntare leggermente verso l'alto. Si può manifestare anche una mascella rigida o serrata, altro segno di rabbia. Se una persona presenta la mascella tesa e il mento puntato verso l'altro, è molto probabile che sia arrabbiato e stia cercando di intimidirlo.

Puntare il dito è altresì indicativo: lo vediamo quando due persone sono coinvolte in una discussione o un litigio e una delle due punta il dito contro l'altro. Può anche essere usata come tattica intimidatoria, specialmente se i due si trovano a distanza ravvicinata e il dito viene puntato dritto in faccia, o addirittura spinge fisicamente la persona. Questo costituisce un comportamento molto aggressivo, che non porta mai a niente di buono.Il tutto può essere aggravato da una postura aggressiva, in cui il soggetto si inclina in avanti verso l'altro, mantenendo le spalle indietro.

Una persona che presenta tendenze aggressive può anche rivolgere i palmi verso l'esterno, specialmente nella direzione di un'altra persona. Questo indica che la persona sta alzando un muro tra sé e l'altro, una barriera fisica, per avvertirlo di non avvicinarsi.

Di tutti questi atteggiamenti la persona in preda a rabbia o aggressività mostrerà vari gradi di intensità: mentre qualcuno può manifestare tutti questi segnali in un breve intervallo di tempo, altri ne avranno uno in particolare che si ripresenta ogniqualvolta si sentono nervosi. Inoltre, possono manifestarsiin proporzione alla quantità di emozioni che la persona sta provando: se è solo un po' irritata o infastidita, può mostrare solo i segnali più sottili o i suoi comportamenti possono duraremeno a lungo. Se, invece, è molto arrabbiata o aggressiva, può dare sfogo ai suoi sentimenti in modo più evidente.

Sono dell'opinione che la cosa migliore sia usare prudenza e giudizio quando si ha a che fare con persone aggressive;inoltre, siate consapevoli dei potenziali problemi che potreste trovarvi ad affrontaree comportatevi di conseguenza. Imparate a controllare le vostreemozioni quando siete arrabbiati o aggressivi nei confronti di altre persone. Ognuno deve essere trattato diversamente quando si trova in questi stati d'animo:nelle relazioni più strette, imparate a adattarvi e a lavorare sul rapporto con i vostri amici e parenti; con le altre persone, come nel lavoro o ambienti affini, lasciate correre.Imparare a osservare i segnalivi fornisce gli strumenti giustiper affrontare con maggiore consapevolezza le situazioni: usateli in modo da prevenire e programmare le vostre azioni.

Gli ostacoli dell'insicurezza, l'ansia e lo stress

Un'altracoppia di emozioni strettamente connesse sono l'insicurezza e l'ansia ed esistono molti segnali del linguaggio del corpo legati a una di queste, o a entrambe. Ci sono principalmente due tipi di persone insicure: quelle che si sentono sempre a disagio e impacciate e quelle che solo in determinate situazioni o con alcune persone percepiscono un'insicurezza.L'ansia può essere strettamente legata a queste sensazioni, per cui il linguaggio del corpo può riflettere una combinazione di entrambe le emozioni.

Mentre tutti possono essere occasionalmente insicuri o nervosi, c'è un problema più profondo nel caso dichi si sente impacciato o insicuro in generale. Passiamo ad analizzare alcune delle forme più comuni in cui questo si manifesta nella vita quotidiana.

Un segnale piuttosto ovvio è quando qualcuno evita il contatto visivo oppure abbassa lo sguardo appena qualcuno cerca di stabilirlo. Alcune persone sono molto intimorite dal contatto visivo diretto e questo è un segno evidente di una mancanza di autostima, specialmente se oltre a distogliere lo sguardo si abbassa la testa, che rappresenta un segnale di sconfitta o di una forte timidezza. Si può notare spesso anche un aumento del battito di ciglia, poiché una persona nervosa sbatte le palpebre con maggiore frequenza.

Altre persone esprimono l'ansia con la voce: se qualcuno si schiarisce la gola o sospira in continuazione, significa che sta mostrando segnali di agitazione o angoscia.

Alcuni, quando sono nervosi o agitati,hanno quella che viene comunemente chiamata risata nervosa: questo accade soprattutto quando si sentono a disagio in una situazione nuova o stressante. In questo caso, trovandosidi fronte a una circostanza in cui si sentono in difficoltà, come, ad esempio, una conversazione molto seria, non riescono a trattenere un sorriso o una risata. Possono trovarsi a sorridere o ridere in un momento apparentemente inopportuno; anche se può risultare sgradevole agli altri, può essere, in realtà, un segnale di insicurezza, nervosismo o disagio.

Anche giocare con i capelli può essere un segnale di insicurezza o agitazione.Abbiamo già affrontato questo particolare nei capitoli precedenti, ma si può notare lo stesso gesto anche in relazione all'ansia. Tuttavia, in questo caso, si manifesta con leggere pacche sui capelli o con l'atto di portarsicontinuamente delle ciocche dietro le orecchie. Naturalmentepuò anche essere un segnale legato all'attrazione verso un'altra persona, dato che i due esempi possono essere strettamente connessi, ma può anche indicare solo una sensazione di disagio o insicurezza.

Quando si è nervosi o agitati, è frequente anche toccarsi la parte anteriore del collo, oppure toccare, grattare o massaggiare un punto qualunquedel collo o del petto: può

essere segno di disagio o di un'inquietudine generale.Infatti, muoversi continuamente di norma denota ansia o nervosismo: di solito si gioca con piccoli oggetti (chiavi della macchina, penne, ecc.) o si tormenta con le mani un oggetto o il proprio corpo (togliendo un pelucco da una coperta, un pelo del gatto da un maglione, oppure toccando una ferita o un neo), nel tentativo di distogliere l'attenzione dalla situazione o di allontanare i pensieri che passano per la mente compiendo un'azione vuota.
Un altro segnale è mordersi le unghie, particolarmente evidente nei periodi di particolare stress o ansia.In altri casi, invece, inizia come tic nervoso, per poi diventare un gesto istintivo che si ripeteregolarmente, indipendentemente dall'umore o dalle circostanze.Questo segnale viene talvolta usato nei cartoni animati o nei film per indicare che un personaggio è nervoso. Un altro segnale relativo alla bocca è l'abitudine, molto difficile da eliminare, di mordere oggetti come penne, matite o cannucce. In effetti,

esiste un intero settore produttivo dedicato alla fabbricazione e commercializzazione di prodotti destinati ad aiutare le persone a smettere di mordersi le unghie, come, ad esempio, una linea di smalti che lasciano un sapore amaro in bocca, realizzati proprio per inibire la cattiva abitudine.

Alcune persone manifestano un eccesso di energia (stress o ansia) muovendo convulsamente una gamba e/o un piede. Molto spesso è più evidente quando la persona ha le gambe incrociate: il piede o la gamba posti in alto si muovono come se seguissero il ritmo di una melodia inesistente. Come per qualsiasi altro segnale del linguaggio del corpo, la persona che lo mette in atto non si accorge di farlo. Quest'azione in particolare può trasmettere tensione alle persone circostanti, le quali, trovandosi a distanza ravvicinata con questa fonte di energia nervosa, ne vengono influenzate.Questo atteggiamento può anche essere sintomo della presenza di una fonte di stress emotivo o ansia che deve essere sbloccata: in queste circostanze, la persona non riesce fisicamente a contenere tale energia e quindi a stare fermo per molto tempo.

Camminare avanti e indietro può essere un altro segnale di stress o ansia, specialmente quando si aspettano notizie su un evento particolare o quando si parla con qualcuno che ci rende inquieti; infatti, è molto comune fare avanti e indietro quando si parla al telefono. Questo segnale può rappresentare un'energia emotivaoriginata dalla felicità, ma, il più delle volte, la causa scatenante è lo stress.

Per quanto riguarda la postura, quando una persona è nervosa, ansiosa o stressata, tende aincurvare le spalle, abitudine che, alla lunga, può causare un dolore fisico. Molto spesso, quando ci si trova in una situazione che provoca stress, si è più consapevoli del proprio corpo: quindi, si assume una postura corretta ma forzata, con le spalle sollevate o inarcate, che può tradursi in dolore e malessere. Spesso si sente dire che lo stress si riversa nelle spalle o nella zona vicina al collo: la causa è che si tende a ingobbire oppure a sollevare le spalle, accumulando tensione in queste zone. Questa problematica viene utilizzata come strategia commerciale dai massaggiatori, che, in molte occasioni, si recano direttamente negli uffici oppure aprono delle attività nelle aree circostanti, in virtù del fatto che il lavoro d'ufficio può essere molto stressante, anche se non prettamente fisico. Diventa necessario, quindi, lavorare sulle rigidità della vita, che si riflettono anche sui muscoli.

Naturalmente, queste emozioni possono anche manifestarsi con le parole. Chi è nervoso tende a passare da un estremo all'altro: nel momento in cui si trova ad affrontare un problema, o diventa particolarmente loquace, non riuscendo a smettere di parlare, o si chiude a riccio e si tiene tutto dentro. Entrambi i comportamenti sono meccanismi di difesa e la personalità di ogni individuo determina verso quale dei due si orienterà.

Viviamo in un mondo frenetico, in cui le sollecitazioni a cui siamo esposti, sia nella vita professionale che in quella privata, portano un notevole carico di stress nella nostra vita. È nostra responsabilità saper affrontare in modo opportuno lo stress, che costituisce un inevitabile effetto collateraledel nostro stile di vita frenetico, e che, per la maggior parte delle persone, si ripresenta ciclicamente nelle fasi della vita.Osservare tali comportamenti negli altri può aiutarci a relazionarci meglio con loro, quando si trovano in una particolare condizione di stress.

Queste informazioni possono aiutarci anche ad affrontare lo stress nelle nostre vite: in particolare, riconoscere subito una tensione o un nervosismopuò aiutarci a gestire l'ansia autonomamente. Ad esempio, vi accorgete che, quando siete sotto stress, irrigidite le spalle e i muscoli del collo e vi svegliate il giorno dopo con quelle zone indolenzite: con il tempo, potrete imparare a riconoscere questi segnali in anticipo, e potrete fermarvi qualche minuto per fare qualche rotazione con le spalle, tirare un paio di respiri profondi e farvi una camminata per schiarirvi la mente da tutti i pensieri. Tutto questo contribuisce molto a migliorare la vostra salute.

I segnali che abbiamo trattato finora possono essere riferiti anche al nervosismo. Tutti noi ci troviamo in situazioni delicate per i nostri nervi, come un colloquio di lavoro, un primo appuntamento o un discorso in pubblico. Anche il modo in cui ci muoviamo può trasmettere nervosismo o agitazione, che sono proprio l'opposto dell'immagine che vogliamo dare. Per esempio, in questi tre esempi, nessuno vorrebbe apparire come un fascio di nervi a un colloquio, un appuntamento o mentre parla in pubblico; dunque, imparare a riconoscere le nostre reazioni e prepararci alle situazioni in anticipo può aiutarci a modificare il nostro linguaggio del corpo di conseguenza.

Infine, nessuno vuole avere intorno a sé una fonte di stress; tutti conosciamo qualcuno che è sempre agitato e, in tutta onestà, tendiamo a evitare queste persone, soprattutto se sono nel pieno di una crisi, perché non vogliamo essere influenzati dalle loro emozioni.Quindi, imparate a controllarvi, calmarvi e andare avanti, usando questi segnali come strumenti: vi sarà di grande aiuto, sia a voi che agli altri, a prescindere dagli ostacoli che incontrerete nella vita.

I temi della depressione e la tristezza

Secondo alcune ricerche scientifiche, la tristezza è l'emozione più facile da riconoscere attraverso i segnali del linguaggio del corpo. La maggioranza dei segnali di cui parleremo si riferisce alle emozioni legate al sentimento di sconforto. Anche se alcune persone sono più brave a nascondere le loro emozioni in generale, e in particolare la tristezza, tutti assumono un determinato atteggiamento quando qualcosa non va.

Una persona che è oppressa da un sentimento di tristezza può abbassare lo sguardo per evitare il contatto visivo con gli altri: si tratta di una volontà di evitare di dover conversare o interagire con gli altri in un momento in cui non siè emotivamente predisposti alla socializzazione.A seconda del grado di depressione, questa persona può anche chinare o piegare la testa, in modo da evitare qualsiasi contatto.In alcuni casi,può anche nasconderedel tutto il volto, affondarlo tra le braccia o usare un certo tipo di abbigliamento (come una felpa con il cappuccio) per nascondercisi dentro.

Se il volto è visibile, potrete notare le sopracciglia (nella parte interna) e le labbra (nella parte esterna) rivolte verso il basso; il labbro inferiore, poi, può essere leggermente sporgente.Gli occhi possono avere le palpebre cadenti o essere rossi e gonfi se la persona ha appena pianto. Inoltre, non sarà visibile nessuna luce o luccichio negli occhi; questo non è sempre tanto evidente, dato che alcune persone non sono mai così vivaci. Infatti, potrebbe essere difficile interpretare questi segnali in uno sconosciuto, ma se conoscete qualcuno che è normalmente molto vivace e vedete che improvvisamente non ha più quella luce negli occhi, sarà difficile non notare la differenza.

Una persona triste avrà probabilmente una postura oziosa, abbandonata o sprofondata, se seduta su un divano o una sedia; avrà le spalle incurvate o penzolanti, come in una posizione di sconfitta. In un contesto sociale, in cui è tra altre persone, probabilmente darà loro le spalle.Di nuovo, si tratta di una volontà (conscia o inconscia) di evitare il contatto o un modo di sfuggire agli altri.

Questa persona sarà chiusa e diffidente sia nella postura che nella conversazione. Mentre parla, non gesticolerà e la sua voce nonavrà inflessioni; potrebbe anche assumere alcuni degli atteggiamenti ansiosi o nervosi descritti nel capitolo precedente, probabilmente nel tentativo di sfuggirealla situazione,dal momento che si sente a disagio a interagire con gli altri. Infatti, vuole solo trovare un modo di restare solo, soprattutto se è stato inserito in un contesto sociale contro la sua volontà: abbiamo tutti quell'amico che ti trascina fuori di casa quando tu invece vorresti solo stare a casa a deprimerti.

Una persona generalmente non gesticola quando si sente triste e abbattuta. Se, invece, lo fa o ha una postura più aperta, ci sono buone probabilità che possa essere avvicinata. Se decidete di tastare il terreno e provare ad avviare una conversazione, usate un approccio accogliente e delicato:

se la vedete completamente chiusa in se stessa, probabilmente è meglio lasciarla sola o, almeno, non tirate in ballo il motivo del suo malessere. In questo caso, mostratevi disponibili verso di lei senza usare le parole.

Questa persona potrebbe anche usare delle tecniche per auto rilassarsi, ad esempio massaggiandosi le braccia, il collo o il viso, non necessariamente in modo nervoso, ma piuttosto per ottenere un effetto calmante.

Un altro effetto collaterale comune della depressione è l'insonnia. La persona può essere più stanca del normale; può anche avere borse sotto gli occhi, sbadigliare con più frequenza o avere difficoltà a concentrarsi. Potrebbe, inoltre, andarsene nel bel mezzo di una conversazione perché non ha voglia di parlare o perché è stanca e non riesce a concentrarsi abbastanza a lungo per partecipare pienamente.

L'intensità di questi segnali sarà strettamente vincolata al grado di gravità del problema e alla personalità della persona coinvolta: la conoscenza del suo carattere vi aiuterà nella vostra valutazione. Ogni elemento influisce sul grado di percezione che avrete di questi segnali: una persona molto depressa manifesterà queste caratteristiche in modo più evidente di qualcuno che ha semplicemente la giornata storta, ma ci sono anche persone molto brave a fingere che tutto vada bene. Riescono a comportarsi normalmente per una durata di tempo considerevole, senza che nessuno si accorga di niente; prima o poi, però, mostreranno un segnale che tradirà questa finzione.

È sempre consigliabile gestire questo tipo di situazioni con molta attenzione ed essere prudenti con queste persone, in modo da evitare di ferire i loro sentimenti o di farle sentire ancora più a disagio di quanto non lo siano già. Tuttavia, è importante sapere che, anche se queste persone non vogliono interagire con gli altri, in realtà a volte avrebbero bisogno proprio di quello; d'altro canto, ci sono altri casi in cui hanno bisogno di tempo e spazio per affrontare quello che stanno attraversando.È, quindi, importante usare prudenza e rispettare i loro bisogni, soprattutto se si tratta di amici intimi che si fidano di voi. Se non siete sicuri o il vostro aiuto peggiora la situazione, rivolgetevi a un professionista.

La gioia della felicità autentica

La felicità è spesso associata all'essere rilassati e soddisfatti della propria vita. Molti segnali del linguaggio del corpo possono coincidere con quelli del rilassamento: quando una persona è rilassata e soddisfatta, si sente felice e, viceversa, quando una persona è felice, si sente naturalmente più rilassata e soddisfatta.
Probabilmente il sintomo di felicità più ovvio è un sorriso autentico, che interessa l'intera faccia, compresigli occhi, non solo le labbra. Normalmente è simmetrico o leggermente accentuato sulla parte destra del viso;c'è una grossa differenza tra un sorriso falso e uno autentico.Esistono molti e vari motivi per cui le persone sorridono in modo non sincero: il più delle volte, è un tentativo di essere educati, oppure sono interessati a qualcuno.Può anche essere una situazione in cui si fa buon viso a cattivo gioco, quando cioè si sorride perché è quello che gli altri si

aspettano,non perché il sorriso rifletta i propri sentimenti.

La stessa cosa vale per la risata, che può essere finta o genuina. Si può ridere per cortesia, quando qualcuno fa una battuta, o per nervosismo.come abbiamo visto per gli altri segnali, ad esempio il sorriso, può essere più difficile riconoscerne l'autenticità se non si ha confidenza con quella persona.Anche in questo caso, una risata falsa non interessa gli occhi e suona spesso forzata.

Le persone felici o contente sono spesso più vivaci nell'espressione del viso e nella gestualità: hanno un'aria spensierata e frizzante, essendo più facileper loro ridere e sorridere. Quando una persona è felice e contenta, avrà un'energia contagiosa che fa sentire gli altri a proprio agio. Se avete un amico che esprime questa gioia e felicità contagiosa, ritenetevi fortunati; si tratta della tipica "anima della festa" che tutti vogliono avere accanto.

Quando una persona è felice e rilassata, di solito tiene i piedi all'altezza delle spalle: questo indica che si sente rilassata e sicura.Inoltre, avrà le spalle dritte, che è indice di autostima. Siccomeè felice, lascia trasparire naturalmente la sua sicurezza attraverso il modo in cui si muove.

Le persone felici di solito camminano a passo svelto e prestano più attenzione a ciò che li circonda, guardandosi intorno e assimilando tutto quello che vedono. Sono più aperti al mondo intorno a loro e sempre alla ricerca di nuovi modi di interagire con esso.

Le persone felici avranno una postura e un atteggiamento aperto, con braccia distese e gesti più ampi: quest'aperturariguarda anche il modo in cui stanno in piedi e seduti. Al contrario delle persone depresse, rivolgeranno il corpo verso gli altri, invece che starne lontani e isolarsi. Questo lo vediamo soprattutto negli eventi sociali, quando ci sono molte persone nello stesso luogo: una persona felice cercherà di interagire con quante più persone possibile.

La felicità può anche riflettersi sul tipo di abbigliamento che viene utilizzato: una persona felice indossa più probabilmente vestiti comodi, con un look rilassato, le maniche della camicia tirate su o la cravatta allentata.

La felicità generalmente è molto facile da riconoscere: non c'è bisogno di tanti indizi per decifrarla. Probabilmente, la cosa più difficile è capire se è reale o finta. Molte persone, infatti, fingono sempre di essere felici o cercano in tutti i modi di stare al centro dell'attenzione, anche se di solito tale finzione può essere individuata con solo un po' di attenzione.

Altre osservazioni

Ovviamente, i capitoli precedenti non forniscono una lista esaustiva delle centinaia di segnali del linguaggio del corpo che le persone manifestano in diverse situazioni o con diverse emozioni.Se la maggior parte di quelli esposti finora rientrano nelle varie categorie descritte, ce ne sono degli altri, altrettanto importanti, che tuttavia non corrispondono necessariamente alle categorie di cui sopra.A seguire, dunque, completeremo la nostra ricerca, al fine di comprendere appieno il modo in cui le persone si esprimono attraverso il corpo.
Le mani:
Le persone si esprimono in tantissimi modi attraverso le mani, senza neanche accorgersene. Alcuni "parlano" usando le mani e comunicano attraverso di esse come se fosse una sorta di seconda lingua; altri, invece, sono più riservati, quindi non usano le mani nelle conversazioni di tutti i giorni, ma solo occasionalmente.Si tratta di una componente estremamente

importante del modo di esprimersi di una persona, oltre a costituire una forma di comunicazione che trascende la cultura, la lingua e l'etnia.

I palmi aperti indicano un senso di apertura e trasmettono un messaggio positivo; in particolare, quando una persona gesticola con le mani verso l'alto e verso l'esterno, è indice di positività. Questo lo vediamo spesso fare ai venditori e a chi effettua delle presentazioni: i gesti grandi e ampi usati per enfatizzare sono modi velati per sottolineare le proprie ragioni in una conversazione o presentazione.

Quando una persona intreccia le mani o unisce le punte delle dita, in particolare i diti indici, indica che sta riflettendo su qualcosa ed è sul punto di prendere una decisione. Si tratta di un segnale positivo, specialmente se la decisione arriva dopo tante riflessioni e discussioni.

Quando le mani si presentano con i palmi e le dita allargate come un disco, è segno che la persona sta offrendo un'idea o un consiglio all'altro. Questa può essere considerata come una posizione vulnerabile, poiché espone la persona alla possibilità di un rifiuto.Inoltre, di solito avrà una postura inclinata in avanti, mentre parla, e le mani saranno all'altezza del petto o più in basso, quasi appoggiate, sulla pancia. Invece, tendere le mani in avanti, unite e poste a formare una specie di cucchiaio, rappresenta un segnale di preghiera o di supplica: anche questo è un gesto molto vulnerabile, che riconduce al gesto di preghiera dei mendicanti.

Annuire:

Le persone spesso annuiscono quando parlano con qualcuno: questo indica che stanno ascoltando e sono interessati a ciò che l'altra persona sta dicendo. Tuttavia, se una persona inizia ad annuire troppo spesso o in modo esagerato, indica probabilmente che ha abbandonato la conversazione e non sta più ascoltando; succede spesso quando la persona vuole essere cortese, pur risultando piuttosto ovvio all'interlocutore. Un altro segnale di conferma è che la persona distoglie lo sguardo e inizia a guardarsi intorno o a guardare le persone e gli oggetti circostanti.

Alcune persone annuiscono ripetutamente mentre parlano: in questo caso, è consigliabile guardarli negli occhi per captare altri segnali del corpo. Infatti, o attribuiscono molta importanza a quello che stanno dicendo, o sanno che la loro argomentazione è debole, oppure hanno solo sviluppato un tic fastidioso.

Toccarsi il viso:
Le persone che si toccano o si strofinano il naso, mostrano il rifiuto verso un'idea o un dubbio su qualcosa che gli viene detto; può anche indicare una mancanza di fiducia. Spesso, alcune persone stringono la parte superiore del naso con le dita: questo significa che sono psicologicamente sfiniti, frustrati, scoraggiati, pensierosi o vogliono solo dare l'impressione di essere particolarmente riflessivi e intelligenti. Se è quest'ultimo caso, meglio dedicarsi a un'attività più concreta.Infine, chi si accarezza il mento o si appoggia la mano sulla guancia probabilmente manda gli stessi segnali che

si mandano toccandosi la parte superiore del naso.

Gli occhi:

Quando pensiamo, di solito guardiamo verso l'alto. Esistono due possibilità: se si guarda a sinistra, verso la parte più creativa del cervello, significa che probabilmente si sta inventando una bugia; quando, invece, si guarda a destra, si sta usando la parte del cervello in cui vengono conservati i ricordi. Dunque, se chi guarda a sinistra sta presumibilmente elaborando una menzogna, chi guarda a destra sta, più probabilmente, richiamando alla memoria un fatto vero.

Durante una conversazione, se una persona inizia a guardare a destra e a sinistra, normalmente indica che non vuole che qualcuno senta quello che ha detto. Invece, quando una persona rivolge rapidamente lo sguardo altrove, dopo aver ascoltato un commento, è probabile che sia rimasta infastidita da tale osservazione; alla lunga, potrebbe iniziare a guardarsi intorno e ad abbandonare, almeno con la mente, la conversazione.

Considerazioni finali

Usare questo libro per comprendere le basi dell'interpretazione del linguaggio del corpo può aiutarci a migliorare nel modo di interagire con gli altri; osservare le sfumature più sottili può essere un'esperienza rivelatrice, se si applicano queste competenze. Che usiate queste informazioni per osservare degli estranei o per conoscere più a fondo le persone che fanno parte della vostra vita, in ogni caso potrete comprendere meglio le cause di molte reazioni umane.

Credo che l'elemento più interessante sia la quantità di segnali che noi umani emettiamo costantemente; mandiamo continuamente dei segnali a cui corrisponde, negli altri, un'interpretazione e una reazione. Potete usare queste informazioni per modificare il vostro linguaggio del corpo o, quantomeno, per acquisire una maggiore consapevolezza dell'immagine che gli altri percepiscono di voi.

www.ingramcontent.com/pod-product-compliance
Lightning Source LLC
Chambersburg PA
CBHW071853070526
44583CB00016B/1672